La Montagne, Terrain de jeu et d'enjeux

Débats pour l'avenir de l'alpinisme et des sports de nature

Sous la direction de Philippe Bourdeau

Collection Sportsnature.org

Photo de couverture : Guillaume Vallot

ISBN 10 : 2-915493-36-7
ISBN 13: 978-2-915493-36-8

À la mémoire de Daniel Taupin
et de Daniel Stolzenberg,
acteurs de nos débats.

Sommaire

4. Regards croisés sur les sports de montagne

Avant-propos
La montagne d'aujourd'hui et de demain : terrain de jeux et d'enjeux

Les pratiques sportives en montagne évoluent. Aux activités traditionnelles comme le ski ou l'alpinisme, sont venues s'ajouter depuis 20 ans les pratiques de l'escalade, du canyoning, de la via ferrata, de la cascade de glace, du raid, du parapente, du VTT de descente… qui touchent de nouveaux publics. Des pratiques parfois très engagées voisinent avec d'autres beaucoup plus ludiques, comme celles proposées par les parcours acrobatiques en hauteur qui se multiplient à partir de la fin des années 1990. Ces nouvelles manières d'investir la montagne sont proposées par des opérateurs qui créent de nouveaux espaces-supports et un nouveau marché en bousculant parfois les cultures et les métiers sportifs traditionnels.

Face à ces évolutions et aux pressions émergentes, parfois opposées, des différents acteurs et opérateurs (protecteurs de la nature, clubs et fédérations sportives, investisseurs, touristes, acteurs de la sécurité, professionnels de l'encadrement sportif…), les stations de montagne et les pouvoirs publics déploient des stratégies de développement et de régulation, à la fois pour tendre vers une gestion acceptable et maîtrisable et positionner leurs territoires par rapport aux concurrences de plus en plus fortes sur le marché du tourisme.

Mais aux enjeux économiques s'ajoutent aussi des enjeux écologiques, sécuritaires et éthiques. Comment accéder à la nature sans la détériorer ? Comment répondre aux attentes des pratiquants sans mettre en péril leur sécurité ? Comment concilier de manière durable identités locales et objectifs des acteurs économiques ?

C'est à partir de ces questions à la fois simples et complexes que le Forum « La montagne d'aujourd'hui et de demain : terrain de jeu et d'enjeux » a été organisé à Chamonix en septembre 2002, dans le cadre de l'Année internationale de la montagne. Cette rencontre issue d'un partenariat entre le réseau Sportsnature.org, l'ENSA et la Ville de Chamonix s'est donné pour objectif de croiser les expériences et les questions des acteurs et opérateurs de terrain avec les cadres de réflexion, les outils et les résultats des travaux des chercheurs et des experts.

Des conférences de Patrick Mignon, Olivier Hoibian, Jean Corneloup et Nicolas Mermoud sur les résultats de travaux scientifiques et d'expertise récents ont donc été suivies de trois tables rondes réunissant un panel d'experts et de personnalités du monde des sports de montagne et des médias, animées par Philippe Descamps et Jean Kouchner. Autant de rendez-vous risqués tant les préoccupations, les discours et les méthodes sont réputés différents, voire divergents, entre chercheurs, experts, journalistes, alpinistes, ONG, élus…

La vigueur et la qualité des interventions et des discussions, tout comme le succès de la manifestation, qui a réuni plus de 300 participants –élus locaux, prestataires de services, professionnels de la montagne, alpinistes de haut niveau, cadres ministériels, responsables de stations, opérateurs touristiques, industriels, syndicats professionnels, dirigeants de clubs et de fédérations, organismes de formation, associations de protection et de défense de la nature, journalistes de la presse spécialisée et généraliste…– montrent au contraire que ces différences peuvent être fécondes et que l'instauration d'un espace d'échanges multi-partenarial et ouvert apparaît comme un véritable besoin pour nourrir les visions prospectives du monde de la montagne.

Malgré le temps qui s'est écoulé depuis ce rendez-vous, nous avons tenu à conserver la trace d'un moment privilégié de diffusion de connaissances et de rencontres. Le présent ouvrage en propose une retranscription fidèle, dont l'actualité est remise en perspective par une introduction de Philippe Bourdeau, Pascal Mao et Jean Corneloup, ainsi que des contributions « post-forum » de Renaud de Bellefon, Gilles Rotillon, Jean Corneloup et Philippe Bourdeau.

Enfin, nous ne terminerons pas cet avant-propos sans remercier chaleureusement Claude Marin (Direction des affaires culturelles de Chamonix), Jean-Louis Verdier (maire-Adjoint de Chamonix), Jacques Gendrault et son équipe (Edimontagne), ainsi que Philippe Bourdeau

(Institut de Géographie Alpine et Sportsnature.org), Nicolas Dupuy (Sportsnature.org) et Eric Deléséleuc (UFR STAPS Montpellier et Sportsnature.org) pour leur contribution déterminante à l'organisation et à l'animation du Forum.

Notre pensée va aussi à Daniel Stolzenberg (Ecole Nationale de Ski et d'Alpinisme), pour sa participation à la préparation et à la valorisation du Forum.

Michel Charlet, *Maire de Chamonix*

Denis Poncelin, *Directeur de l'ENSA*

Jean Corneloup, *Président de Sportsnature.org*

1. Introduction
Cultures, espaces et métiers sportifs de la montagne : Changements et enjeux d'avenir

Philippe Bourdeau, Institut de Géographie Alpine de Grenoble, Sportsnature.org
Jean Corneloup, UFR STAPS Clermont-Ferrand, Sportsnature.org
Pascal Mao, Institut de Géographie Alpine de Grenoble, Sportsnature.org

Ce propos introductif cherche très simplement à relire et relier des informations qui sont déjà familières pour les acteurs et observateurs de l'univers des sports de montagne, mais méritent malgré tout d'être remises en perspective à l'échelle des 20 dernières années. De manière très synthétique il s'agit de rappeler le développement de nouveaux usages sportifs et de nouveaux espaces récréatifs en montagne, avant d'esquisser quelques-uns des changements observables dans les cultures des métiers sportifs de la montagne, tout en pointant quelques enjeux marquants pour l'avenir.

1/ Une culture sportive renouvelée

La période 1980-2000 a été marquée par une très forte diversification des modèles et des modalités des pratiques sportives de montagne, tant l'été que l'hiver. Pour faire court, on retiendra l'idée que les pratiques sportives se sont largement segmentées (alpinisme → cascade de glace → *dry tooling…*) et qu'elles se sont hybridées (vélo tout terrain, *canyoning*, *via ferrata*, *snow-kite…*), convoquant largement d'autres références imaginaires, gestuelles, techniques et spatiales que celles de l'histoire de l'alpinisme ou du ski. Plus généralement, on a ainsi vu émerger dans les années 1980 une référence montante aux univers de l'eau (nage en eaux vives, rafting, surf) et de l'air (parapente), puis dans les années 1990 une référence de plus en plus explicite à l'univers urbain (*free-style*, *snow-skate*, parcs récréatifs, structures artificielles…).

La plupart des pratiques concernées, dans leur forme courante (c'est-à-dire en dehors du champ de la performance) tendent à être pratiquées de manière plus ludique, plus « récréative », et sont de plus en plus marquées par une recherche de fluidité, de facilité et de confort : matériel plus sophistiqué et plus fiable, accueil dans les refuges, services de portage des sacs... Ce mouvement a aussi conduit à la demande de sites plus accessibles, plus aménagés, plus sécurisés, qui se prêtent à des séquences de pratique plus courtes, moins engagées, plus partagées en groupe, en couple, en famille. Et cela au prix d'un investissement (en temps, en entraînement…) en général moins approfondi, ce qui conduit de plus en plus les opérateurs et les observateurs à parler d'« usagers » ou de « clients », et de moins en moins de « pratiquants » face à la demande dominante d'un accès simplifié et dédramatisé à la nature et à ses cultures sportives les plus complexes. De fait, en vingt ans, une proportion non-négligeable du public concerné par les sports de montagne est passée progressivement du statut d'acteur autonome de la gestion de son propre terrain de jeu à celui de consommateur versatile, qui choisit les pratiques et les espaces susceptibles de satisfaire ses besoins récréatifs en fonction de ses attentes, de sa technicité et de son niveau d'intégration au sein de la culture sportive.

Pourtant la référence à l'imaginaire de la haute montagne, la fascination pour l'engagement, l'intérêt pour l'épopée et la culture de l'alpinisme demeurent très actifs. Pour prendre un exemple très concret, on citera le succès des ouvrages clasiques (ré)édités chez Guérin. Tout en se gardant de tenir un discours excessivement généralisateur, il faut donc prendre acte de la segmentation contemporaine des pratiques de la montagne. La contribution de Jean Corneloup sur la question des cultures sportives de montagne le confirme en soulignant les déclinaisons des opinions, des représentations et des comportements des pratiquants selon quatre formes : *hédo-montagnarde* (conception esthétique et sécuritaire de la montagne), *jeune et branchée* (attrait pour les dimensions de confrontation, de performance, de vitesse, de transgression, de technique et des compétitions), *aventurière* (immersion dans la nature sauvage, moins domestiquée et « authentique »), et *dilettante* (débutants, consommateurs d'activités situés en dehors des enjeux culturels des pratiques sportives). Le même auteur met aussi en évidence le classicisme des valeurs et des images associées aux pratiques, parmi lesquelles l'attachement aux fondements moraux et éthiques de l'alpinisme et à la notion d'effort, le respect et l'humilité vis-à-vis de la nature font plus que jamais figure de lignes de force.

2/ Des espaces plus spécialisés et plus aménagés

On constate le plus souvent l'établissement d'un lien direct entre l'affirmation d'une « nouvelle pratique » et l'aménagement de terrains de jeu appropriés. La forte segmentation disciplinaire des sports de montagne et de nature n'a donc pas manqué de multiplier la gamme et l'emprise spatiale des sites et itinéraires de pratique en consacrant leur spécialisation plus ou moins poussée : sites de vol libre, parcours de vélo tout terrain, itinéraires de *canyoning*, sites « sportifs » d'escalade, parcours d'eau vive... Alors que les sports de nature sont traditionnellement pratiqués dans des espaces « ouverts » et « polyvalents » (la montagne, la forêt, la campagne...), leurs déclinaisons les plus récentes –hors pratiques urbaines– se développent de manière croissante dans des espaces de pratique « fermés » et « spécialisés ».

On relèvera donc le trajet singulier des sports de montagne, qui ont vu leurs pratiques et leurs espaces faire l'objet d'une standardisation croissante au cours des vingt dernières années. En effet, alors que de nombreuses pratiques sportives très conventionnelles (course à pied, natation, basket, football...) se sont déclinées sur des modèles non-compétitifs en sortant des équipements qui leur étaient dédiés pour (re)gagner les rivières, lacs, forêts, rues... (jogging, running, nage en eaux vives, street-ball), les sports de montagne et de nature ont fait une sorte de chemin inverse en s'éloignant de plus en plus de la « pleine nature ».

D'une façon plus générale, on constatera que la médiation spatio-temporelle assurée par les sports de nature entre l'« Ici » urbain quotidien et l'« Ailleurs » naturel au quotidien passe désormais par la production raisonnée de sites de pratique qui relèvent d'un marketing des espaces et services, notamment sur le modèle des « parcs de loisirs ». Du coup, plusieurs composantes notoires de la « spécificité » des sports de nature sont plus ou moins radicalement remises en question :

• La très forte opposition traditionnelle entre la « pleine nature » (peu ou pas modifiée par des aménagements) et les équipements sportifs traditionnels (« lourds » ou « structurants ») se dilue face à la densification croissante de l'équipement des sites, itinéraires et espaces-supports des pratiques concernées. Mais au-delà des seuls équipements matériels, la généralisation des médiations informationnelles, communicationnelles et technologiques renforce –ou déplace– le débat sur la notion de « pleine nature », voire sur la notion de nature tout court….

• La technologie sécuritaire omniprésente prend le pas sur l'autonomie sportive et sécuritaire du pratiquant qui était classiquement de règle. Le « client », le « visiteur » ou « l'usager » se retrouve placé dans une logique sécuritaire à dominante passive. En effet, c'est la technologie (le câble de la *via ferrata*, les agrès et la signalétique du parcours acrobatique en forêt, ou toute autre forme d'équipement) qui tend à prendre en charge les erreurs possibles dans la maîtrise des risques par l'usager. Le prix de cette évolution est une réduction significative des savoir-faire techniques et gestuels détenus par les usagers. Ce qui n'empêche pas que la prise de risque simulée produise encore de la valeur ajoutée émotionnelle.

• L'intervention dominante, voire exclusive, des acteurs individuels (« équipeurs », « baliseurs ») ou collectifs (clubs, fédérations) issus du groupe des pratiquants cède la place à celle de prestataires de services (professionnels indépendants brevetés d'État, sociétés privées…). La « spontanéité créatrice » des pionniers de l'équipement des sites d'escalade ou du balisage des sentiers de randonnée est ainsi relayée par une rationalisation dictée aussi bien par des impératifs de sécurité (normes, « juridicisation »…) que par des impératifs de positionnement touristique (marketing territorial) face à la concurrence croissante entre les sites, les espaces et les destinations : l'ouvreur de voies d'escalade créant initialement des itinéraires pour son plaisir et à ses frais obtiendra dans un premier temps une dotation en matériel émanant d'un club, d'une fédération ou d'une commune, puis sera progressivement remplacé par le professionnel indépendant équipant des voies d'initiation pour satisfaire au profil de la demande (essentiellement constituée de débutants), lequel finira par monter une SARL missionnée à l'année par une collectivité pour contrôler et gérer l'équipement du site…

L'ensemble de ces évolutions, qui suscite d'abondantes discussions d'ordre éthique et idéologique parmi les pratiquants, traduit bien la montée en puissance d'un rapport médié, organisé et marchandisé à une nature de plus en plus balisée, expliquée, interprétée, technologisée... Les médiateurs technologiques (GPS, téléphone mobile, radiotéléphone, topoguides électroniques, web cam. installées sur les sites...), communicationnels et informationnels (presse spécialisée ou non, listes de diffusion et forum Internet, sites web sur les conditions des itinéraires en montagne, serveurs nivo-météorologiques vocaux et électroniques, publicité...) mis en œuvre aussi bien par les usagers eux-mêmes que par les organisations sportives et professionnelles, les prestataires de services, les industriels, les collectivités locales, les O.T. et les gestionnaires des espaces protégés se sont considérablement multipliés depuis une à deux décennie(s), au point de devenir une composante à part entière de la préparation, du vécu et de la transmission de l'expérience individuelle et collective de la nature.

On notera enfin que dans le même temps les ex-territoires interstitiels (fond de vallée, petits rochers, espaces de l'ombre…) et les vallées deviennent les lieux d'excellence moyennant une recomposition des sites, des aménagements, des trajectoires et des lieux d'action. A l'échelle de la plupart des massifs de montagne, ce phénomène se traduit par un singulier rééquilibrage des polarités touristiques du fait de la revalorisation des zones de vallée par rapport aux zones d'altitude. Alors que dans la vie touristique montagnarde traditionnelle la dichotomie vallée / altitude marque aussi une limite entre une passivité dévalorisée (en bas) et une sportivité valorisée (en haut), les « nouveaux » espaces sportifs de montagne se multiplient de manière privilégiée dans les fonds de vallées ou à leur proximité immédiate, tout en en se rapprochant de l'espace organisé des villages et stations : canyons, cascades de glace, via ferrata, parcours acrobatiques.

3/ La dynamique des cultures professionnelles

La dynamique qui anime les cultures sportives et la relation aux espaces de pratique ne manque pas de s'accompagner de changements significatifs dans la culture professionnelle des métiers sportifs de la montagne. Alors qu'une « première génération » de métiers a structuré le champ professionnel au milieu du XXe siècle, une « deuxième génération » a émergé au cours de la période 1980-2000 autour de nouvelles visions de la montagne, de la relation à la pratique sportive, de l'organisation professionnelle, du rapport à la clientèle et des modes de vie, suivie elle-même d'une « troisième génération » en émergence.

La culture professionnelle moderne (première génération)

Cette culture s'est affirmée au cours du XXe siècle (1930-1960) avec la sportivisation de l'alpinisme et l'ouverture du métier de guide de haute montagne (voir les travaux de Renaud De Bellefon). Dans le même temps ou avec un décalage de quelques décennies, d'autres métiers sont venus s'inscrire dans ce modèle : moniteur de ski, moniteur de kayak, accompagnateur en moyenne montagne, moniteur de parapente... On est en présence de pratiques professionnelles au sein desquelles les acteurs privilégient les situations d'encadrement au sein de structures instituées : écoles de ski, compagnies et bureaux des guides, associations... Pour intégrer cet univers, le parcours est linéaire tant il existe une proximité entre la culture professionnelle et la culture sportive de montagne. En effet, l'acquisition des qualifications nécessaires à l'exercice d'un métier repose pour l'essentiel sur l'assimilation de la culture sportive concernée. On devient guide parce que l'on est alpiniste, moniteur de ski parce que l'on est skieur... L'entrée dans ces métiers se construit sur un processus d'ancrage à une pratique sportive de référence (alpinisme, ski, kayak...) qui commence bien souvent durant l'enfance. Dans un deuxième temps, une formation professionnelle est réalisée, sous couvert de Jeunesse et Sport, au sein de l'ENSA ou des CREPS. Après entrée dans la profession, c'est en général une logique de reproduction et de transmission de savoirs techniques et de codes culturels qui est observable d'une promotion de diplômés à l'autre, avec des variations assez réduites dans les formes d'encadrement et d'organisation.

L'encadrement proposé s'adresse à un public de spécialistes, sportifs pour la plupart, et s'opère sur des terrains peu aménagés.

L'encadrant se situe ici au centre de l'action pédagogique. C'est un modèle, une référence et une figure emblématique admirée et respectée. Il domine la relation d'échange sur le terrain à caractère sportif. On est en présence d'une pratique professionnelle qui s'inscrit dans la durée, qui valorise le progrès et qui justifie la présence d'apprentissages longs et fastidieux en vue d'obtenir une attestation de niveau (en ski) ou de réussir une belle course en montagne (en alpinisme). L'échange symbolique est construit autour de récits sportifs et héroïques ainsi que sur la logique de l'épreuve. La présence d'un long temps passé sur le terrain dans l'intimité d'une relation de proximité permet de développer des relations humaines fortes. Enfin, il faut noter la présence d'une éthique de la responsabilité étant donné que l'encadrant est directement engagé dans la gestion de la sécurité et qu'il participe grandement à la définition des règles du jeu dans l'action partagée entre les différents acteurs en présence : services de secours, clubs, fédérations (voir les travaux d'Olivier Hoibian).

Cette première génération de métiers s'inscrit prioritairement dans les territoires de la haute montagne, sur les sites majeurs de pratique et au sein des stations de sports d'hiver. C'est la montagne majestueuse, dominante et turbulente qui est privilégiée, d'où la priorité donnée à un aménagement léger et discret. Il en résulte une limitation de fait des formes d'aménagement que ce soit au niveau du balisage des sentiers, de la conception des topoguides, de l'équipement des voies d'ascension ou du style des refuges.

La clientèle est largement constituée d'habitués des stations et vallées et de membres des clubs sportifs de montagne et de nature. Les actions et stratégies marketing ne sont donc pas nécessaires tant le système donne l'impression de fonctionner « naturellement »... La dominante va alors à une culture professionnelle marquée par une empreinte publique et associative qui valorise un modèle de développement républicain, éducatif et patriarcal. Mais en même temps, il faut souligner que ces professionnels sont des indépendants au sein de structures professionnelles qui fonctionnent historiquement sous une forme associative. Cette situation leur permettra, au cours du temps, d'augmenter le jeu avec la règle étatique ; le guide ou le moniteur étant bien souvent des "débrouillards" qui se jouent des normes et des règles...

Enfin, la compréhension de la culture professionnelle issue de cette première génération serait incomplète sans la prise en compte de la logique sociale autour de laquelle se construit l'ancrage professionnel. Si jusque dans les années 1950 les professionnels de la montagne sont presque exclusivement issus du monde paysan (Voir les travaux de Renaud de Bellefon et de Françoise Loux), l'émergence de professionnels d'origine urbaine à la recherche d'une intégration locale dans le monde et la culture montagnarde va ensuite s'affirmer comme une tendance lourde. Un ancrage territorial est recherché autour d'une identification aux valeurs montagnardes : le chalet auto-construit, la chasse, la coupe de bois... Cette aspiration à une montagnité acquise recouvre une dimension de quête de liberté et d'expression de soi en dehors des contraintes urbaines et sociales. Bien souvent, le professionnel cultive une vision décalée et valorise un style de vie de type « plein-air ». La nature est considérée comme un refuge et une école de vie.

La culture professionnelle post-moderne (deuxième génération)

Une culture professionnelle post-moderne a émergé au cours des années 1980 et a intégré le champ des métiers sportifs de la montagne. En quelques années, une autre logique d'action est apparue déstabilisant l'ordre professionnel qui structurait jusque là le marché des sports de pleine nature. Ce phénomène participe à l'affirmation de nouveaux modèles d'usages touristico-sportifs de la montagne – à la fois plus ludiques et plus diversifiés –, et de nouveaux modèles de développement territoriaux plus diffus et plus ouverts, avec notamment une multiplication des pratiques et des terrains de jeu concernés (voir plus haut).

En premier lieu, ce sont les conditions d'accès aux métiers sportifs de la montagne qui se transforment. S'imprégnant du mouvement ludique et hédoniste qui se propage dans le monde des sports de nature, une nouvelle génération de pratiquants s'engouffre dans cet univers et s'approprie d'autres codes culturels que certains utiliseront à des fins professionnelles. Pour d'autres, l'entrée dans la culture professionnelle tend à se couper de l'univers des pratiques sportives dans la mesure où ils intègrent directement les dispositifs émergents de pré-formation et de formation. À l'Argentière-La-Bessée, par exemple, un centre de formation aux métiers sportifs de l'eau vive conduit au Brevet d'Etat des stagiaires n'ayant aucun vécu sportif préalable dans ce domaine. De plus, l'université avec ses formations de plus en plus diversifiées (UFR STAPS, filières management, IUP et DESS tourisme, loisirs et sports...), mais aussi les écoles de commerce et le milieu entrepreneurial s'efforcent de prendre le relais des acteurs de la première génération (fédérations, Jeunesse et Sports, ENSA, UCPA...).

Si sur la période 1980-1990 les acteurs dominants de cette « nouvelle économie » des sports de montagne étaient encore issus de la première génération de professionnels et « bricolaient » leur immersion au sein du monde commercial, les années 1990-2000 annoncent l'affirmation conquérante d'une deuxième génération de métiers. Au sein de cette deuxième génération, les activités d'encadrement sportif n'occupent plus une place prépondérante face à la montée en puissance des métiers de l'animation, du développement, de l'innovation, du management et du marketing des sports et des produits de montagne.

L'identité et le statut des professionnels se transforment lorsque les prestataires et les entrepreneurs du loisir sportif de nature développent des produits pour des segments de clientèle choisis en fonction de stratégies marketing définies. Ce faisant, le monde du plein air quitte l'univers anti-commercial qui le caractérisait jusqu'à présent (Voir les écrits de Jean-Olivier Majastre et Erik Decamp) pour s'engouffrer dans celui du marketing et de la réussite entrepreneuriale. Si autrefois la logique de la reproduction dominait, aujourd'hui le rythme de gestion s'accélère et valorise l'innovation et la culture « tendance ». Les acteurs ont l'obligation de s'adapter à la dynamique du marché qui est sans cesse traversée par des mouvements de différente nature (économique, commerciale, technologique, culturelle, médiatique...).

En ce qui concerne les formes d'encadrement, les logiques pédagogiques évoluent et tentent de répondre aux attentes montantes de la culture post-moderne. L'encadrement s'assouplit, les contraintes diminuent et les relations prestataires-clients se personnalisent en donnant la priorité à l'animation : il faut séduire, attirer et faire plaisir. La prestation doit valoriser la transmission de sensations au détriment de la technique en favorisant le plus possible l'expression d'émotions primaires. L'apprentissage est réduit en durée et doit faciliter la rapidité de la mise en action. Une priorité est accordée aux faibles contraintes, aux petits groupes et à l'interactivité dans la rencontre construite entre le pratiquant et les espaces d'action. Le cadre professionnel, issu de la culture technique, s'efface pour laisser au client la possibilité d'être l'acteur de son action. Comme signalé plus haut, la technique sécuritaire mise en place autrefois par le guide cède la place à la technologie sécuritaire à l'image des via ferrata et des parcs aventure. La prise de risque simulée produit de la valeur ajoutée émotionnelle pour le plus grand plaisir des consommateurs. Une mise en récit ludique et émotionnel prend forme dans la propagation des histoires, des slogans et propagandes commerciales. La mise en scène devient de plus en plus nécessaire pour renforcer l'esthétique de l'échange. Enfin, contrairement à la culture moderne précédente, la règle d'action définie par l'encadrant s'efface pour laisser la place à une co-production et à un co-pilotage. Le client devient plus participatif et actif dans la déclinaison de son programme d'action, ce qui a pour effet de modifier les cultures professionnelles et les relations prestataires-clients.

Une autre différence se perçoit au niveau de la gestion de la clientèle. Si autrefois, la relation s'inscrivait dans la durée, aujourd'hui la gestion des flux et des débits s'impose pour accroître la valeur ajoutée des produits sportifs de nature. La valeur du produit n'est plus dépendante de la culture sportive classique mais des capacités des professionnels à proposer des produits de qualité en phase avec la diversité des cultures sportives de la montagne. Dès lors, la valeur ajoutée apportée par les prestataires et les entrepreneurs devient centrale, nécessitant une segmentation de plus en plus poussée des clientèles et une diversification de la gamme. La richesse de ce nouveau marché est attachée aux compétences marketing de cette deuxième génération de professionnels pour apporter de la valeur ajoutée dans la conception d'événementiels, de défis, de scénarios thématiques pour les entreprises et autres clientèles potentielles. L'innovation s'impose partout que ce soit au niveau des technologies d'action, des sites artificiels de pratique (via ferrata, parcours acrobatiques…), des circuits à thème et des éléments technologiques qui agrémentent sans cesse les nouvelles formes de motricité ludique. Bref, la logique de la reproduction propre à la culture sportive de la première génération est bien éloignée de cet univers en gestation. Une éthique marketing et entrepreneuriale s'impose et renouvelle les formes de gestion des pratiques sportives.

Les formes d'organisation ne sont pas en reste et prennent leurs distances avec une gestion publique, associative et bénévole. L'arrivée des tours opérateurs, de grands groupes touristiques à l'image du Club Méditerranée, de structures privées et de financeurs (Compagnie des

Alpes…) à la recherche de profits entraîne une professionnalisation accrue des métiers de la montagne. Les compétences ne sont plus issues d'une culture sportive acquise sur le terrain mais sont directement liées à des connaissances issues des sciences de la gestion, du marketing, du droit, de la comptabilité analytique…Une gestion globale et financière du produit s'impose, justifiant le rôle central et moteur occupé par le concepteur de produit et chef de projet au détriment du technicien et du cadre sportif. La segmentation des fonctions est dans l'air du temps au sein d'équipes de projets touristiques qui s'appuient sur la maîtrise des technologies de l'ingénierie touristique et des ressources de la communication contemporaine et notamment l'Internet.

Enfin, on peut observer que les logiques sociales des professionnels se transforment lorsque ceux-ci pensent différemment leur identité au travail en fonction de leur style de vie. Ainsi, contrairement à la première génération observée, la culture de la deuxième génération est la culture urbaine, issue directement du mouvement ludique, de la culture entrepreneuriale et des formations universitaires professionnalisantes. L'étude de Sébastien Celard, réalisée en 1999 pour le Syndicat National des Guides de Montagne, montre ainsi très bien une population de guides en exercice de plus en plus d'origine citadine (53 % sont nés hors de départements de montagne), de plus en plus diplômés (40 % ont un niveau d'étude supérieur au bac contre 11 % en 1985), de plus en plus « indépendants » (55 % ne sont pas affiliés à une compagnie contre 40 % en 1985) et de plus en plus mono-actifs[1] (23 % de guides mono-actifs contre 16 % en 1985). Par ailleurs, la stratégie de l'ombre, de la débrouillardise et de la transgression n'est plus valorisée et les nouveaux entrepreneurs sportifs épousent les valeurs de la normalité (impôts, URSAFF, licences d'agences de voyages, agréments de tourisme…) et de la culture économique légitime.

Dans le même temps, les conditions d'ancrage géographique évoluent et la mobilité professionnelle s'accentue avec des destinations professionnelles choisies en fonction des opportunités et des chances de réussite. Le massif du Mont-Blanc et la vallée de Chamonix font ainsi l'objet d'une polarisation croissante de l'activité professionnelle et de la résidence des guides de haute montagne français et européens. C'est dans ce contexte qu'un bureau de guides commercial initialement installé dans un massif secondaire peut « déménager » pour s'installer dans la vallée de Chamonix.

[1] *C'est-à-dire n'exerçant pas d'activité complémentaire dans le cadre d'une pluriactivité.*

La culture professionnelle trans-moderne (troisième génération)

Le panorama du profil de l'action professionnelle dans l'univers de loisir sportif de nature ne serait pas complet si l'on se privait d'évoquer les signes d'un changement annonciateur d'un dernier mouvement culturel. En effet, sous l'impulsion des pratiquants et en tenant compte d'une recomposition du marché et des secteurs professionnels, des signes annoncent une montée progressive d'une éco-culture professionnelle. Celle-ci consiste à faire le lien entre les deux univers précédents tout en intégrant d'autres dimensions attachées à des compétences trans-modernes.

Concernant la relation avec les pratiquants, la montée de la culture de l'expérience nécessite de redonner de la présence à l'échange humain qui émerge de la situation vécue entre les personnes présentes. La recherche de sensations et de ludisme ne constitue plus la fin dernière de l'action sportive. Les usagers sont demandeurs d'une relation plus profonde où les sentiments, la réflexion, la connaissance du lieu ou encore l'approche patrimoniale occupent une place importante. Les dimensions spirituelles autour des pratiques de la méditation et celles du développement personnel connaissent un succès grandissant qui recompose les liens avec le prestataire, la nature, le local et les participants au collectif de pratique. Le professionnel ne doit pas seulement maîtriser un référentiel technique et être un bon animateur et « marketeur ». Il lui faut renforcer ses compétences relationnelles, écologiques et patrimoniales pour inscrire sa pratique dans un univers plus global de sens et de significations.

C'est dans cette perspective que l'on peut aussi parler d'un retour à la culture du plein air à partir du moment où une frange des pratiquants est à la recherche d'éco-pratiques qui ne se limitent pas à de la gestuelle effectuée dans un techno-environnement déconnecté de l'éco-système et de l'habitat local. Une nouvelle déclinaison des « produits et des services » est ainsi dans l'air du temps qui nécessite de revoir la manière de concevoir la prestation. L'usager est ainsi à la recherche de pratiques où le vertige corporel et émotionnel n'est plus une fin en soi. Cette recherche de sens par ce jeu simulé avec la mort ou par l'overdose ludique semble avoir atteint ces limites. Cette recomposition de la demande se conjugue avec la montée d'une éthique de la responsabilité qui modifie les rapports à la pratique. La culture sportive et sociale envisagée par le prestataire doit ainsi se recomposer en intégrant d'autres dimensions à l'action de prestation.

Sans doute, on peut évoquer l'effet du mouvement « durable » sur le comportement des acteurs touristiques. La volonté d'évaluer les impacts d'une pratique sur l'environnement, de connaître la valeur biologique des produits consommés ou encore de favoriser le lien social dans la définition du « contrat de jeu » participent à modifier le champ des valeurs à partir desquelles le pratiquant s'engage dans l'action. De même, on observe (en douceur pour l'instant) la volonté d'évaluer l'éthique professionnelle des prestataires en s'intéressant à la R. S. E. (responsabilité sociétale des entreprises) et à l'I. S. E. (investissement socialement responsable). L'éthique de la consommation se transforme obligeant les acteurs de l'économie touristique à revoir leurs référentiels d'action. Il suffit d'observer le comportement de nombreux industriels du loisir sportif de nature (Salomon, Rossignol, Lafuma, Club Méditerranée...) pour illustrer cette tendance…

Il faut ajouter que la responsabilité des acteurs change de niveau à partir du moment où il se produit une normalisation des procédures, des équipements et des installations imposant un référentiel législatif et réglementaire contraignant. Toute la logique de la faute et de la preuve en est modifiée dans un univers où l'accident n'est plus couvert par l'aléa propre aux sports de nature mais est soumis à la recherche d'une responsabilité potentielle des professionnels. Dans cette mouvance, le client d'une prestation et l'usager d'un site transforment leur culture touristique lorsqu'ils n'hésitent pas à poursuivre en justice le professionnel en cas de faute ou à refuser de payer la prestation lorsque celle-ci n'est pas satisfaisante. Toute cette dynamique renforce la maîtrise de la démarche qualité et la culture juridique par le professionnel qui doit revoir sa façon de concevoir la responsabilité au travail aujourd'hui. A cela, il faudrait ajouter le changement de comportement du salarié (B. E., moniteurs, hôtesse…) qui ne conçoit plus le travail saisonnier comme un temps décalé du reste des activités professionnelles.

Enfin, on peut penser que l'entrée dans la déclinaison trans-moderne de l'action professionnelle se comprend aussi par la modification du rapport au territoire de pratique et aux secteurs touristiques. S'il y a encore quelques années, chacun fonctionnait seul et se suffisait de son niveau d'expertise et de son dynamisme pour développer son activité, la réalité d'aujourd'hui suggère une recomposition des liens et des formes territoriales d'organisation. Face à la concurrence exacerbée et à la montée des stratégies marketing construites autour du réseau, les acteurs touristiques ont de plus en plus l'obligation de s'inscrire dans ces réseaux professionnels pour construire leur univers d'action. Une culture du « pont » semble ainsi se développer obligeant les acteurs à s'allier avec d'autres dans un cadre intra et inter-sectoriel (Corneloup, 2004). D'autres compétences sont ainsi nécessaires qui relèvent de la capacité à choisir les bons liens, à définir les termes de l'échange et à travailler en commun. Mais cette nouvelle dynamique collective ne se réduit pas à un marchandage commercial. A une époque marquée par l'innovation, la capacité à s'inscrire dans des réseaux professionnels participe à la constitution de référentiels cognitifs permettant de développer des capacités à l'adaptation pour mieux répondre aux fluctuations du marché. Elle permet aussi aux les petites entreprises du plein air de mieux se défendre face à des tensions multiples et de bénéficier de multiples avantages lors de l'achat de matériels (central d'achat par exemple).

Il faudrait encore ajouter qu'une des spécificités des loisirs sportifs de nature est de s'inscrire dans un territoire géographique marqué depuis quelques années par une recomposition du politique. La montée de la gouvernance dans les stations et autres sites sportifs s'explique à la fois par la déstabilisation de la pratique politique qui s'engage sur une autre façon de concevoir la construction du bien collectif mais aussi par la nécessité de mieux concevoir la déclinaison de l'image et du positionnement sur le marché des destinations touristiques. Là encore, on voit émerger la montée d'une culture du dialogue, de la concertation et de la médiation qui n'était pas une pratique courante et habituelle jusqu'à présent. La mise en place des CDESI (commissions départementales des espaces, sites et itinéraires), des parcs naturels régionaux ou encore des scènes de gouvernance dans les stations sont des exemples de recomposition de l'approche politique de l'activité professionnelle par les acteurs touristiques.

Ces différents éléments auxquels il faudrait ajouter la montée des espaces icraniques via Internet (agences de voyage, médium interactif, sites promotionnels, observatoires…) sont le signe de l'émergence de cette culture trans-moderne qui recompose l'univers des métiers du loisir sportif de nature.

Cette capacité à créer des liens entre acteurs, des ponts entre secteurs et des transcodes sportifs en respectant les principes du développement soutenable participe à la construction de la troisième génération des métiers sportifs de nature. Autre univers qui se superpose aux deux précédents sans les éliminer. Ils se combinent aujourd'hui en fonction des mentalités, des marquages individuels, des jeux territoriaux, des marchés privilégiés ou encore sous l'effet des stratégies de développement choisies.

La dynamique des cultures professionnelles à travers l'exemple des activités de guide de haute montagne et de moniteur de ski

	1ère génération Culture professionnelle moderne [1950-1980]	**2ème génération Culture professionnelle post-moderne [1980-2000]**	**3ème génération Culture professionnelle trans-moderne [2000-…[**
Rôle du professionnel	« Celui qui va devant »	« Celui qui est avec »	« Celui qui met en scène »
Registre d'intervention	La technique	Le marketing	La culture
Situation-type	La course guidée, la leçon de ski	Le stage d'escalade, le séminaire d'entreprise	La descente commentée du Kandahar, la course « patrimoniale »

Pour terminer : une piste de réflexion parmi d'autres

La perspective proposée dans ce texte cherche à montrer, sans prétendre à l'exhaustivité, que les mouvements convergents des cultures sportives, des espaces récréatifs et des cultures professionnelles de la montagne dessinent les contours d'un champ d'action renouvelé pour les pratiques récréatives de la haute montagne et la gestion de cet espace. Ce panorama, qui peut paraître simplificateur, s'efforce de rester neutre sur le plan des valeurs positives ou négatives et de la portée idéologique qu'il est possible d'accorder à tel ou tel phénomène. C'est évidemment aux acteurs concernés qu'il appartient de mettre en débat les constats et les pistes d'interprétations qui sont esquissées ici, ce qu'ils n'ont d'ailleurs pas manqué de faire au cours des dix dernières années.

Ainsi, pour l'observateur, la montée des controverses et des débats de fond semble indéniable et confirme l'émergence de l'univers des sports de montagne comme « espace public » : liberté d'accès aux sites de pratique, marchandisation des espaces, équipement de la montagne en remontées mécaniques, régulation des fréquentations, gestion concertée des sites, bonnes pratiques environnementales, qualité touristique, sécurité et responsabilité, gratuité des secours, normes d'encadrement, risque de concurrence par des sous-diplômes, déréglementation de l'encadrement professionnel…

Parmi les nombreuses questions qui se posent de manière transversale à ce champ d'enjeux d'avenir, il est possible de pointer comme fil conducteur celle de l'altérité, définie ici comme la quête d'une différence positive par rapport au temps, à l'espace et au vécu quotidien. Trois hypothèses peuvent être explicitées à ce sujet :

- la recherche d'altérité est un ressort fondamental des pratiques récréatives, et renvoie aux thèmes de la spécificité et de l'identité des cultures sportives et de leurs espaces ;
- les pratiques sportives de montagne et de nature, par la mise en jeu et l'écart à la normalité corporelle qu'elles impliquent, constituent en quelque sorte des « amplificateurs » psychophysiques d'altérité spatiale et sociale ;
- un degré croissant d'altérité peut être observé selon un degré décroissant de proximité et d'artificialité (aménagement) qui

se déploie selon une succession d'échelles d'espaces de pratique, que nous choisissons de désigner par des néologismes : *indoor*, *aroundoor*[2], *outdoor, wildoor*[3]. La segmentation des pratiques –ludo-sportives, touristico-sportives, aventurières, extrêmes– s'articule aussi selon cette progression.

Sur la base de ces réflexions on peut faire l'hypothèse que l'ensemble des acteurs institutionnels et professionnels des sports de montagne et de nature seront vraisemblablement de plus en plus confrontés à la nécessité de différencier et de graduer leurs logiques d'intervention (équipement, réglementation, encadrement, sécurité, responsabilité…) en fonction du degré d'altérité des espaces concernés (de l'*indoor* au *wildoor*) et des pratiques récréatives correspondantes (des pratiques ludo-sportives aux pratiques aventurières).

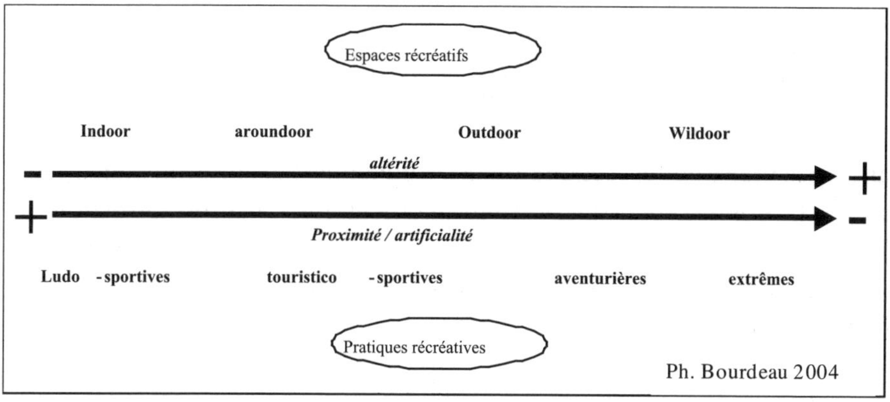

Les notions de « montagne » et de « nature », si elles sont sans doute appelées à continuer de jouer un rôle structurant dans l'imaginaire sportif et touristique, ne semblent donc plus suffire pour qualifier la gamme des situations spatiales et sportives auxquelles les acteurs et opérateurs des sports de montagne sont susceptibles de se référer. Il est peut-être alors envisageable de mettre en discussion la catégorisation –et partant l'observation– d'espaces et de pratiques récréatives segmentés par des critères de définition, d'accès, d'aménagement, de gestion (information, équipement, sécurité…) et d'encadrement professionnel. Ces propos très spéculatifs pointent-ils une étape nécessaire vers la maturité et la maîtrise des pratiques récréatives en montagne, ou

[2] *Terme proposé par Jean Corneloup pour désigner les espaces sportifs périphériques aux stations (via ferrata, écoles d'escalade, parcours acrobatiques…)*

[3] *Terme proposé par Philippe Bourdeau à partir de la contraction des notions de wilderness et d'outdoor…*

annoncent-ils au contraire l'accentuation d'une dérive normative ? Où et comment placer les différents « curseurs » à prendre en compte pour une gestion et une régulation maîtrisée du développement des sports de montagne ? Les contributions et discussions recueillies dans les pages qui suivent voudraient permettre au lecteur de se faire une idée plus construite des enjeux que cette question mobilise...

2. L'apport de la recherche à la connaissance des sports de montagne

La montagne entre passé et avenir. Essai de mise en perspective historique

Olivier Hoibian, *Maître de conférences à l'IUFM de Versailles. Auteur de « Les alpinistes en France (1870-1950), une histoire culturelle », L'Harmattan, Paris, 2000.*

Introduction

« L'incompréhension du présent naît fatalement de l'ignorance du passé »[4]. Par ces mots, l'historien Marc Bloch s'inquiète des manquements au devoir de mémoire et des périls que l'oubli fait peser sur l'avenir de l'humanité. Le ton volontairement grave du propos tient sans aucun doute aux circonstances de sa rédaction ; les années les plus sombres de l'occupation, peu de temps avant l'exécution de son auteur pour faits de résistance. Néanmoins, cette mise en garde solennelle nous rappelle opportunément ce que les configurations sociales contemporaines doivent aux conjonctures culturelles qui les ont précédées. Convaincus de l'importance de cette filiation, les organisateurs de ces rencontres, pourtant tournées vers « La montagne d'aujourd'hui et de demain terrain de jeu, territoire d'enjeux » n'ont pas hésité à convier l'histoire à ce débat. Et, malgré un intitulé focalisant plutôt le regard sur le futur et sur les éléments prospectifs de la réflexion, la mise en perspective historique des interrogations sur la permanence

[4] *Bloch, M., L'apologie de l'histoire ou le métier d'historien, Paris, Armand Colin, 1993.*

et/ou la transformation des usages et des représentations des loisirs en montagne a donc trouvé sa place dans cette manifestation.

Inspirée des apports de « l'histoire culturelle » de Roger Chartier et de la sociologie de la culture de Pierre Bourdieu, la présente contribution centre donc ses observations sur l'évolution de l'intérêt suscité par la fréquentation des sommets et des parois au cours du XXe siècle. Une attention particulière sera ainsi réservée aux changements survenus dans le domaine des valeurs, de l'univers symbolique et de l'imaginaire par lesquels les agents sociaux concernés donnent du sens à leurs activités.

Pour isoler les éléments fondamentaux caractérisant les activités de montagne et leurs adeptes et jouer sur les effets de contraste, deux moments déterminant de l'histoire de cette période vont être convoqués à un siècle de distance. Il s'agira tout d'abord de préciser les conditions sociales de l'organisation des premières sociétés d'alpinistes en France vers 1900 et de retracer les mutations conduisant de « l'excursionnisme initial » à l'avènement de « l'alpinisme classique ». Puis dans un second temps, l'instauration de l'escalade libre et ses conséquences seront mises en relation avec le phénomène de massification des loisirs physiques des années 1980-2000. Enfin, riche de ces éclairages successifs, la conclusion soumettra au débat quelques pistes de réflexion permettant d'envisager le devenir de ces activités. Pour chacune de ces périodes, le regard portera sur les dimensions significatives du contexte culturel tant du point de vue des publics concernés que des activités pratiquées.

1. De « l'excursionnisme cultivé » à « l'alpinisme classique » : des pratiques électives et un recrutement confidentiel

A. Les caractéristiques des premières sociétés d'alpinistes

À la fin du XIXe siècle, la population française s'élève à environ 37 millions d'habitants. Elle se compose à 70 %, d'une population rurale. Les secteurs de l'activité économique relèvent pour 49 % de l'Agriculture (secteurs primaires), pour 30 % de l'Industrie et du Commerce et pour 21 % des Services (secteur tertiaire). Sur le plan des catégories socioprofessionnelles, les ouvriers, les exploitants agricoles et leurs salariés représentent environ 70 % de la population active ; les employés 11 % ; les cadres, professions intermédiaires et professions libérales 5 % ; les artisans, commerçants et chefs d'entreprise 17 %.

Au même moment, les premières sociétés d'alpinistes rassemblent environ 6 000 adhérents. Elles attirent principalement les catégories sociales relativement aisées et cultivées ayant suivi un cursus scolaire secondaire et universitaire complet, à une époque où le nombre de bacheliers ne dépasse pas 1 % d'une classe d'âge.

Parmi les alpinistes, les catégories des cadres, professions intellectuelles supérieures et libérales, professions intermédiaires, composent pratiquement la moitié des membres, soit dix fois plus que leur poids dans la population active. Les artisans, commerçants et chefs d'entreprise sont eux aussi bien représentés puisqu'ils composent 33 % des effectifs (le double de leur poids dans la population active). Les employés, de leur côté obtiennent un score à peu près équivalent à leur place dans la population active (15 % contre 11 %).

Par contre, dans une France essentiellement rurale mais en pleine révolution industrielle, les grands absents parmi les alpinistes sont les agriculteurs, exploitants ou salariés, et dans une moindre mesure, les ouvriers et les domestiques, participant pour moins de 5 % des adhérents (contre 70 % des actifs). La « bourgeoisie » forme donc bien le gros du bataillon des alpinistes, comme le laissait entendre Paul Veynes dans un article demeuré célèbre[5].

La sociologie de Pierre Bourdieu nous invite cependant à dépasser les approches globalisantes, saisissant les classes sociales comme des

[5] *Veynes, P., « L'alpinisme, une invention de la bourgeoisie », Revue l'Histoire, n°11, avril 1979.*

entités homogènes. Les sociétés modernes ne sont pas organisées selon des oppositions simples entre groupes sociaux constitués mais se présentent plutôt comme des ensembles complexes, hautement hiérarchisés et différenciés en fonction de critères multiples (appartenances sociales, sexes, professions, cultures, religions, origines ethniques, etc.). Dans la France du début du XXe siècle, « la bourgeoisie » dont parle Paul Veynes, est en fait divisée entre diverses fractions en concurrence les unes avec les autres du point de vue de leur vision du monde et de leur conception de l'existence. D'un côté, les fractions cultivées (artistes, universitaires, hommes de lettres, etc.) s'opposent par leurs goûts et leurs manières de vivre aux fractions dotées d'un capital économique élevé (homme d'affaires, patron du commerce et de l'industrie). Entre les deux, les cadres des secteurs publics et privés tentent d'asseoir leur statut et de construire leur propre identité[6]. Des différences de style, fondées sur des stratégies distinctives, s'observent entre ces trois composantes de la classe dirigeante, par exemple dans le choix du quartier de résidence (opposition du 16e arrondissement et de la rive droite de la Seine au Quartier latin et à la rive gauche), la décoration des intérieurs et le mobilier, les manières de se tenir et de se vêtir... et avec une acuité particulière, dans le domaine des pratiques de loisirs.

Plusieurs enquêtes du début du siècle dernier montrent en effet des divergences très marquées dans le goût pour telle ou telle forme d'exercice physique ou de sport. Et l'un des fondements principaux de ces démarcations concerne le degré d'intensité ou de modération de l'exercice physique qui varie de façon tout à fait significative en fonction du groupe social d'appartenance (Tableau n°1).

[6] *Voir à ce sujet : Boltanski, L., Les cadres. La formation d'un groupe social, Paris, Ed. de Minuit, 1982.*

Tableau n°1 : distribution des pratiques selon les catégories sociales vers 1900

LES ELITES EN FRANCE A LA FIN DU XIXe SIECLE		
Capital culturel	**Position moyenne**	**Capital économique**
Universitaires	**Haute administration**	**Hommes d'affaires**
Sociétés savantes	Clubs ouverts	Clubs mondains fermés
Rencontre entre spécialistes	Élargir le capital social	Crédit social
Académie des sciences	Académie des sciences morales et politiques	Académie française
La connaissance pour elle-même	Finalités pratiques des connaissances (intérêt général)	Intérêt économique particulier

FORMES DE PRATIQUES SPORTIVES PRIVILÉGIÉES		
MODÉRATION	**POSITION MOYENNE**	**INTENSITÉ**
La suprématie de l'esprit	**La quête du sport intellectuel**	**Le culte de la volonté**
Le délassement Les bienfaits de l'exercice compensateur du travail intellectuel	Intelligence Et action raisonnée Les enseignements de l'observation et de l'expérience	La vitesse et l'action Le débrouillard Le sens pratique L'utilité sociale
Ceux qui n'interrompent ni la réflexion, ni la rêverie.	Le jugement et la réflexion Il faut être d'Athènes et non de Lacédémone	Apprendre à agir Et à vouloir

La marche La promenade en bicyclette La pêche au bouchon en eau calme	L'excursionnisme cultivé (conception de l'alpinisme contemplatif	L'alpinisme classique (conception techniciste des rochassiers)	L'automobile l'aéroplane La boxe
ACTIVITES DE PLEINE NATURE SCOUTISME			

B. L'élaboration de la conception classique de l'alpinisme

À l'origine, la conception qui prévaut en ce qui concerne la manière de gravir les montagnes a été imposée par les bourgeois éclairés en position dominante dans le monde des alpinistes. Le modèle d'ascensions recommandé à l'époque s'apparente davantage à ce que l'on appellerait aujourd'hui de la randonnée en moyenne et en haute montagne. Cette forme « d'excursionnisme cultivé et mondain » relève plutôt des exercices d'intensité physique relativement modérée, parfaitement illustrés par les nombreux récits de course publiés à l'époque dans les annuaires des clubs. Les représentants de la bourgeoisie éclairée privilégient en effet le choix d'ascensions modestes associé à un goût prononcé pour les observations scientifiques, l'admiration des paysages et la préservation de la nature. Parmi les priorités affichées par les sociétés figurent en bonne place la volonté de contribuer à la lutte contre le ravinement par le reboisement, à la régulation des crues torrentielles par l'hydrologie et à la création de réserves et de parcs naturels.

Le savant genevois Honoré Bénédicte de Saussure ou le poète et philosophe John Ruskin représentent des personnages emblématiques de cette définition initiale d'un alpinisme aux attaches à la fois scientifiques, contemplatives et mondaines.

Pourtant, avec le succès de l'implantation des sports athlétiques en France, et les prémisses du « Mouvement olympique international » lancé par Pierre de Coubertin, cette conception initiale de la pratique se verra bientôt discutée. En effet, dès 1910, puis de manière plus significative après la première guerre mondiale, le goût des ascensions difficiles se développe auprès de la nouvelle génération. Appartenant aux mêmes milieux sociaux que leurs aînés, des jeunes gens initiés aux sports anglais durant leurs études secondaires ou supérieures, vont introduire dans le monde de l'alpinisme les principes et les méthodes de l'entraînement sportif déjà largement répandus dans les clubs académiques italiens, autrichiens et allemands. En créant le Groupe de Haute Montagne (GHM) en 1919, ils instituent une nouvelle définition de l'alpinisme fondée cette fois sur le degré de difficulté technique des ascensions. La tradition de « l'excursionnisme cultivé » se trouve dès lors contestée. L'émergence parallèle d'un pôle défendant l'alpinisme familial et pédagogique se traduit par la mise en place d'une dynamique de structuration durable du « champ social de l'alpinisme »[7].

À l'issue des nombreux conflits et des violentes polémiques qui émaillent l'histoire des relations du CAF et du GHM entre 1920 et 1930, cette situation débouchera, au lendemain de la Seconde Guerre mondiale, sur l'élaboration d'une définition de compromis : « l'alpinisme classique ». L'accord se construit autour de deux principes fondamentaux : d'une part, la préservation des espaces naturels et d'autre part, le refus de la banalisation de l'alpinisme et de son assimilation à un « un sport comme les autres ».

Selon les principaux acteurs de cette refondation culturelle, Louis Neltner et Lucien Devies[8], si par certains aspects l'alpinisme peut être comparé à un sport, il n'en demeure pas moins « un sport à part », c'est-à-dire une activité où les critères d'excellence s'avèrent irréductibles à la seule prouesse athlétique, se démarquant ainsi des activités fédérales à caractère compétitif. Les idées selon lesquelles « l'alpinisme est une activité qui exige des qualités morales », « la haute montagne est un espace à préserver dont l'accès se mérite »…, représentent des préceptes auxquels les fractions cultivées sont très attachées.

Dès lors, l'ascension des hauts sommets de la planète prend le sens d'une expérience singulière permettant à l'individu « de se connaître et de se juger »[9]. La mise en jeu de sa propre existence s'accompagnerait de la prise de conscience de sa véritable nature et favoriserait un certain détachement à l'égard du matérialisme exacerbé de la vie citadine, une sorte de retour sur soi propice à la méditation et aux remises en question…

Ainsi, contrairement aux sportifs de légende, l'accès au panthéon des alpinistes célèbres est-il réservé aux rares personnalités considérées non seulement pour l'héroïsme et la prouesse de leurs ascensions mais également pour leurs aptitudes à narrer le récit de leurs exploits selon les canons de la production littéraire ou esthétique, chers aux milieux cultivés. Une symbolique comparable se trouve d'ailleurs mobilisée pour l'ensemble des activités exploratoires et aventureuses comme les croisières hauturières à la voile ou les méharées dans le désert[10]. Mais jusqu'aux années 1970, elles ne concernaient qu'un public très restreint.

[7] *Voir à ce sujet : Hoibian, O., Les alpinistes en France, 1870-1960, Paris, L'Harmattan, 2000.*

[8] *Voir à ce propos, Hoibian, O., (coord.), Lucien Devies, la montagne pour vocation, Paris, L'Harmattan, Coll. Sports en société, 2004*

[9] *Neltner, L., « L'alpinisme, sport de fond par excellence », Jeunesse-sport, n°7, Juillet 1947.*

[10] *La population française compte désormais 52 millions d'habitants résidant à 70 % en zone urbaine. Les exploitants agricoles et leurs salariés ne représentent plus que 10 % de la population active alors que les ouvriers obtiennent le score exceptionnel avec 45 %, les employés se situant autour de 21,9 % ; les artisans-commerçants et chefs d'entreprise passant à 8,4 % tandis que les cadres et professions intermédiaires représentent désormais 22,2 %.*

2. La massification de la pratique des loisirs de montagne entre 1980 et 2000

A. Les mutations structurelles de la société française

À partir des années 1980, la France entre dans une nouvelle conjoncture culturelle. En effet, les années 1970 brillent des derniers feux de la phase d'expansion économique des « Trente glorieuses » qui marquent le terme de la période d'apogée du développement industriel, avec un secteur secondaire culminant alors autour de 38,5 % de l'activité économique contre 10,5 % pour l'agriculture et 51 % pour le tertiaire[12]. Avec les chocs pétroliers de 1973 et 1979, le pays entre dans une période de récession durable qui frappe encore aujourd'hui la plupart des pays industrialisés. L'instauration de la société de consommation et de plein emploi des précédentes décennies a néanmoins profondément transformé les habitudes de vie des français. Bénéficiant de la réduction du temps de travail, les classes moyennes en plein essor, accèdent désormais massivement aux loisirs et aux vacances. D'ailleurs, les effectifs des fédérations sportives profitent de cette évolution tout comme le CAF et la FFM qui enregistrent une croissance forte et régulière du nombre des licenciés (on passe de 70 000 à 100 000, entre 1965 et 1980).

Mais les transformations les plus significatives pour l'avenir des activités de nature et la fréquentation de la montagne tiennent manifestement aux orientations politiques en faveur de l'éducation du plus grand nombre, arrêtées dès les années 1950 et prorogées depuis. La généralisation de l'accès au secondaire pour l'ensemble des enfants d'une classe d'âge et l'afflux de nouveaux étudiants à l'université ont engendré une élévation sensible du niveau de culture générale de la population française. Le pourcentage des bacheliers, resté relativement bas jusque-là, progresse à partir de cette époque de manière tout à fait significative. Situé à 1% d'une classe d'âge au début du XXe siècle, il atteint 6% en 1946, puis 17% en 1974. Mais l'impulsion donnée dans les années 1970 est encouragée par la suite avec la création des BAC professionnels et l'objectif d'amener 80 % d'une classe d'âge au niveau du BAC en l'an 2000. Cet effort sans précédent se traduit par un accroissement remarquable du taux des bacheliers, stabilisé aujourd'hui autour d'un taux moyen de 63 %.

La politique scolaire volontariste, engagée sous la Ve République, accompagne et conforte les profondes transformations de la structure même de l'économie nationale. A l'aube du XXIe siècle, l'Agriculture représente désormais moins de 4 % des actifs contre 26 % pour le secteur de l'Industrie et du Commerce, lui aussi en régression. Simultanément, le tertiaire s'envole pour dépasser le pourcentage record de 70 % des actifs. Pour une population de plus de 60 millions d'habitants résidant à 80 % en zone urbaine, la part des fractions scolarisées dans le secondaire et le supérieur ne cesse donc de croître. La structure de répartitions de la population active se transforme en conséquence. Une redistribution s'opère entre les différentes catégories socioprofessionnelles au bénéfice des classes moyennes. Actuellement, les effectifs des exploitants agricoles et de leurs salariés chutent pour passer sous le seuil des 4 % de la population active ; ceux des ouvriers descendent à moins de 25 %, enfin les artisans, commerçants et chefs d'entreprise déclinent pour atteindre 7 %. *A contrario*, le nombre des employés progresse et passe de 21 % en 1975 à près de 30 % aujourd'hui. Parallèlement, les cadres, les professions intermédiaires, les professions libérales et les professions intellectuelles supérieures, catégories sociales les plus attirées par la fréquentation de la montagne, dépassent 35 % des actifs.

B. Effets de ces mutations sur les loisirs de pleine nature et de montagne

Selon l'enquête de l'INSEP de 1985 sur « les pratiques sportives des Français », 73,8 % d'entre eux déclarent se livrer plus ou moins régulièrement à la pratique d'activités physiques. La randonnée sous ces différentes formes concerne plus de 11 millions de personnes et le nombre des adeptes de l'escalade et des activités de montagne s'élève alors à 476 000, mais un quart seulement sont licenciés en club (125 000 adhérents au CAF et à la FFME).

Cet écart, entre pratique en club ou hors club, montre que l'engouement pour les activités de loisirs dans la nature adopte essentiellement le mode de la pratique non-institutionnelle qui privilégie les sorties seul, en famille ou avec un groupe de pairs.

Les données récentes de l'enquête 2000 du Ministère de la Jeunesse et des Sports confirment cette orientation. Avec un nombre de pratiquants situé autour de 660 000, les activités de grimpe et de montagne connaissent une progression remarquable de près de 40 % en quinze ans. Simultanément, la désaffection pour les clubs s'accentue avec désormais, un cinquième seulement des pratiquants licenciés (130 000 adhérents CAF et FFME). Simultanément, les résultats de cette dernière étude tendent à montrer qu'une lente démocratisation paraît s'opérer sur le plan du recrutement social. Ainsi, parmi les actifs, les ouvriers obtiendraient un score de 26 % soit pratiquement leur taux de représentation dans la population active (25 %). Les employés apparaissent légèrement sous-représentés avec un pourcentage de 24 % parmi les pratiquants, contre 30 % dans la population active, de même que les artisans-commerçants et les chefs d'entreprise, mais de manière moins marquée. Par contre, le groupe des cadres, des professions intermédiaires et libérales, et des professions intellectuelles supérieures représente 45 % des pratiquants. Ce résultat apparaît donc nettement supérieur à leur poids dans la population active (35 %) (Schéma n°1).

Schéma n°1 : les pratiquants de loisirs en montagne en 2000

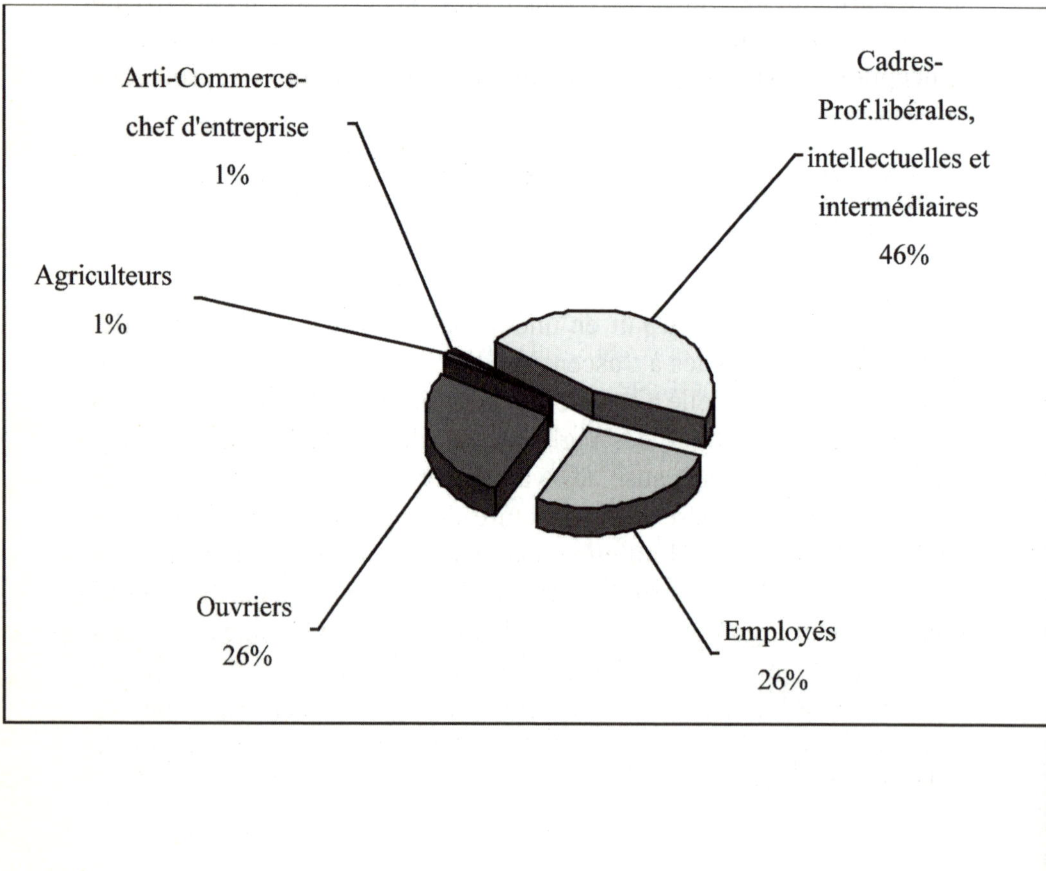

Et si l'on intègre les inactifs en agrégeant au groupe des cadres les effectifs des étudiants, on obtient alors un taux de 61 % de représentants des fractions diplômées du supérieur parmi les adeptes des activités de grimpe et de loisir en montagne.

Leur nombre, comme celui des pratiquants d'activités de plein air, semble donc grandir parallèlement à l'amélioration du niveau de culture générale de la population française. Ainsi, plus le niveau de formation scolaire et universitaire des individus s'élève, plus la probabilité de voir ces catégories s'intéresser aux loisirs de pleine nature et de montagne augmente.

Faute d'éléments précis venant étayer cette interprétation, une certaine prudence s'impose cependant. Ces déductions doivent être considérées davantage comme des hypothèses de travail nécessitant d'être étayées par des investigations complémentaires. Car pour voir cette tendance se vérifier dans l'avenir, certaines conditions paraissent en effet requises. Ce qui attire des franges sans cesse croissantes de la population vers ces activités ce sont essentiellement certaines représentations et certaines valeurs qui leur sont associées. Il importe que les principes éthiques qui donnent un sens particulier à ces activités ne soient pas remis en cause à l'occasion d'un renouvellement de la conception de la pratique ou de modification des politiques de protection des espaces naturels.

C. Incidences de l'évolution récente des pratiques de grimpe

L'introduction de « l'escalade libre » en France à la fin des années 1970 consiste en fait en une actualisation des principes et des représentations associés à l'ascension des parois rocheuses. Malgré les bouleversements qu'elle a suscités, la « révolution libériste », opération de recodage symbolique des règles du jeu de la grimpe, ne remet pas fondamentalement en cause les valeurs et les représentations de la nature héritées du passé ni la structure des positions constitutives du champ de l'alpinisme. D'ailleurs, pour établir la nécessité de modifier la manière de grimper, les promoteurs du «free climbing» dans l'hexagone fondèrent leur argumentation sur la dénonciation de l'usage abusif des moyens artificiels (cordes fixes, pitons à expansion, compresseurs...). Face à ce qu'ils décrivaient comme une dérive technologique, ils en appelaient à un retour aux sources et à la pureté des principes de l'alpinisme classique.

Cette rupture d'ordre symbolique coïncide évidemment avec l'expression des sensibilités alternatives et le renouvellement des mœurs issus de « la révolution culturelle » de mai 68, notamment la montée en puissance des préoccupations écologiques parmi la jeune génération. Dans la mouvance du courant libertaire né de la contestation de la société de consommation, le sport compétitif est alors accusé de véhiculer l'image d'un corps instrumenté, mécanisé et finalement aliéné aux impératifs du modèle de la rentabilité capitaliste. Le « Mouvement olympique » et les grandes fédérations sportives sont soupçonnés d'être prêt à « sacrifier l'individu sur l'hôtel de l'idéologie productiviste »[11].

Au contraire, les activités physiques de plein air jouissent alors d'un prestige considérable et se présentent comme des pratiques de substitution, la figure emblématique d'une culture alternative fondée sur la recherche de l'harmonie de l'être en symbiose avec un milieu naturel préservé des pollutions industrielles. L'avènement de « l'éthique du libre » en France s'inscrit totalement dans cet état d'esprit mais sans modifier foncièrement les assises de la culture traditionnelle du champ de l'alpinisme. Le maintien de la démarcation à l'égard des sports compétitifs par la conservation des traits spécifiques aux « sports à part », la priorité accordée à la préservation du milieu naturel par une limitation stricte des infrastructures susceptibles d'accroître la fréquentation... ces différentes orientations sont au contraire confirmées mais exprimées selon une terminologie nouvelle, plus en rapport avec les sensibilités du moment.

Cependant, le glissement des lieux de pratique valorisés, de la haute montagne vers la falaise comme espace d'accomplissement, produit certains effets quelque peu inattendus. L'homogénéisation des règles du jeu et la standardisation de l'équipement des sites (falaises aseptisées, murs artificiels…) provoquent insensiblement un rapprochement des conditions de pratique de l'escalade des exigences liées à la compétition. Les performances deviennent en effet directement comparables. Encouragés par la création concomitante de nouveaux titres dans la presse spécialisée, les critères de hiérarchisation des meilleurs grimpeurs sont progressivement ramenés à la prise en compte de la seule prouesse athlétique.

Cette nouvelle orientation s'inscrit dans le contexte social du début des années 1980 qui voit progressivement s'imposer à l'échelle mondiale le modèle du « libéralisme économique ». La massification de la demande en matière d'activités physiques de loisirs dans la

---

[11] *Brohm, J.M., Sport, culture et répression, Paris, Maspéro, 1972.*

nature engendre des besoins en équipements spécialisés susceptibles de générer des flux financiers considérables. On assiste alors à une pénétration remarquable de la sphère marchande dans un secteur relativement épargné jusque là pour ses modestes dimensions. Les grandes chaînes de distribution d'équipements sportifs comme « GO-Sport », Décathlon, la FNAC-Sport, etc. se développent à cette époque. Simultanément, les activités physiques de pleine nature commencent à se diversifier et à se multiplier sous l'influence d'une accélération des innovations technologiques dans ce secteur[12]. Ce phénomène incessant d'accroissement des effectifs et de segmentation des pratiques ouvre des perspectives inédites.

En effet, l'opportunité d'organiser des événements sportifs sponsorisés et médiatisés en escalade semble alors se dessiner, en transgression complète avec les normes et les usages en vigueur. Elle se concrétise à brève échéance avec l'organisation des premières compétitions officielles d'escalade, d'initiatives privées ou fédérales. Cette orientation, largement impulsée par certains éléments proches du secrétariat général de la FFM et soutenue par le Ministère de la Jeunesse et des Sports, ne recueillait pourtant pas l'assentiment de la majorité des pratiquants. Aussi, les premiers projets de compétition d'escalade se développent dans un climat d'extrême tension, révélateur de l'hostilité générale à l'égard de cette volonté de banalisation du statut original des activités de grimpe, menacées d'être assimilées à des « sports comme les autres ».

Conclusion

Face à ces évolutions tendant à circonscrire l'escalade de haut niveau au cadre restreint de la compétition et aux seules « structures artificielles d'escalade », différentes interrogations émergent progressivement. Assiste-t-on à la constitution d'un nouvel espace de pratique, celui de l'escalade, complètement autonomisé à l'égard de la montagne ? Les représentations collectives anti-compétitives et l'imaginaire de l'aventure au fondement de la sociogenèse et de la dynamique du champ social de l'alpinisme s'en trouvent-elles invalidées simultanément ?

[12] Les fédérations sportives tentent de s'adapter à cette diversification de la demande en multipliant les offres au sein de leurs structures. Ainsi, la Fédération des Clubs alpins français propose aujourd'hui 12 activités en relation avec la montagne.

Aujourd'hui, il faut avoir l'honnêteté de reconnaître que nous ne disposons pas d'éléments d'information suffisamment fiables pour discuter le degré d'homogénéité des références culturelles des diverses catégories de pratiquants. Ce constat incite donc à relativiser les interprétations afin de conserver une certaine crédibilité d'un point de vue scientifique.

Ce « principe de précaution » étant posé, certaines pistes de réflexion peuvent néanmoins être avancées à titre provisoire. Une immersion prolongée dans le milieu des pratiques de grimpe et de montagne, complétée par l'observation attentive des évolutions récentes me conduisent à défendre plutôt l'idée du maintien d'une certaine unité de représentation entre les inconditionnels de l'escalade et les adeptes des loisirs en montagne. Ce point de vue très empirique est fondé sur la sélection de quelques indicateurs signifiants mais nécessairement fragmentaires, reflétant une image plus ou moins fidèle de la situation actuelle et des changements à venir.

En premier lieu, on peut s'interroger sur le potentiel de développement de la compétition en escalade et sur sa capacité à se constituer en discipline sportive autonome. Grâce au recul de près d'une quinzaine d'années, depuis les débuts de Vaulx-en-Velin en 1986, celle-ci peine manifestement à sortir de son isolement, sur le plan des effectifs comme du point de vue de son audience médiatique. Malgré les tentatives multiples d'ajustement aux exigences du spectacle sportif et au format de la diffusion télévisée, le succès de l'entreprise ne paraît guère assuré sans un bouleversement des principes mêmes de l'activité (par exemple en privilégiant la vitesse ou la force pure au détriment de la complexité de lecture de l'itinéraire…). En dehors du sport scolaire, cette forme d'escalade, il faut bien en convenir, n'intéresse pas la majorité des pratiquants, attirés au contraire par l'image non compétitive des disciplines de pleine nature. Les informations disponibles renforcent en effet cette impression en montrant que cette modalité rencontre de réelles difficultés de diffusion. Ainsi, les compétiteurs représenteraient 10% des adhérents de la FFME soit environ 5 000 individus. Ils constituent donc moins de 1% de l'ensemble des pratiquants recensés par l'enquête 2000 de la Jeunesse et des Sports, alors que le taux moyen des compétiteurs dans les activités de pleine nature se situe autour de 16 %. Une aussi faible implantation tient sans doute à la jeunesse de cette modalité, mais elle est certainement révélatrice des réticences du milieu. Tolérée à condition de rester discrète, l'orientation compétitive, en tout état de cause, ne paraît pas en mesure de modifier la perception des valeurs associées aux activités de montagne, ni de se constituer en pratique sportive autonome. En second lieu, la juxtaposition de modalités divergentes dans leurs finalités (loisir, compétition, exploit) continue néanmoins d'autoriser les glissements d'un espace de pratique à l'autre, y compris parmi les représentants du haut niveau. Et dans ce processus de réorientation des itinéraires personnels et de reconversion des profits symboliques, le milieu naturel paraît appelé à conserver de manière durable un prestige supérieur aux sites artificiels. Enfin, l'échec des tentatives successives de lancement par la presse spécialisée de titres consacrés exclusivement à l'escalade tend à conforter l'hypothèse unitaire. En effet, les éditions « Vertical » à l'origine de ces initiatives n'ont pas réussi à trouver un public spécifique et pour l'instant, les autres revues conservent toutes un caractère généraliste.

Ces réflexions portant sur des observations parcellaires plaident donc plutôt en faveur de la perpétuation des fondements de la culture et de l'identité communs, le degré d'autonomisation de l'escalade à l'égard de la montagne et de ses représentations restant, pour l'instant, tout à fait relatif.

Les indications fournies par la mise en perspective historique des enjeux du moment dressent ainsi un tableau plutôt nuancé de la situation actuelle comme du devenir des loisirs de montagne et des activités de grimpe. Les valeurs et les conceptions, imprimées à la définition de « l'alpinisme classique », au lendemain de la libération par les fractions cultivées, continuent d'exercer une influence notable sur cet univers culturel particulier. Et si l'origine sociale du public paraît s'être sensiblement élargie et diversifiée, la fréquentation de la montagne représente toujours dans l'imaginaire collectif une expérience unique, communiquant à ceux qui s'y livrent le sentiment d'échapper au poids des conventions sociales et à la banalité du quotidien pour vivre un moment « hors du commun », de surmonter une sorte d'épreuve initiatique leur permettant de s'ouvrir à de nouveaux horizons et d'y gagner un supplément d'âme…

Si cette spécificité culturelle se maintient et si, malgré une affluence croissante générant des attentes nouvelles, des difficultés accrues et bien des convoitises, les espaces naturels sont préservés des pressions économiques (« de la part des aménageurs ») et environnementales (« par une maîtrise de la gestion des flux »), on peut sans trop s'avancer, prédire « un bel avenir » aux loisirs de montagne.

Mais faisons attention toutefois « aux ironies de l'histoire » et pour s'en prémunir, trouvons le temps et les ressources indispensables à la réalisation des investigations nécessaires …

La place des activités de pleine nature dans les pratiques physiques et sportives en France

Patrick Mignon, Directeur du Laboratoire de sociologie de l'INSEP, Paris

Comment la société française pratique-t-elle le sport ? A la suite de la première enquête en population générale sur les pratiques physiques et sportives des Français, en 1985, mise en œuvre par le Laboratoire de sociologie de l'INSEP, la Mission Statistique du Ministère de la Jeunesse et des Sports et le Laboratoire de sociologie de l'INSEP ont réalisé, durant l'été 2000, une enquête identique[13]. Comment les choses ont-elles évolué en quinze ans et comment les sports et activités de nature (qui vont, selon les activités dénombrées, de la marche à l'alpinisme en passant par l'équitation, le VTT et les sports de glisse) se situent-elles dans ce tableau ?

La pyramide de la pratique sportive

En juillet 2000, 36 millions de Français âgés de 15 à 75 ans déclarent avoir pratiqué au moins une activité physique et sportive, soit 83% de la population interrogée. Ces pratiques sont plus ou moins régulières, plus ou moins intenses : ainsi, pour 10 millions, cette pratique est occasionnelle, soit moins d'une fois par semaine, mais un peu plus de 26 millions fait du sport au moins une fois par semaine. Ils sont environ 10 millions à être adhérents aux clubs et associations sportifs et la moitié participe à des compétitions.

[13] *Les pratiques sportives en France, P. Mignon et G . Truchot (sous la dir.), Ministère des Sports/INSEP, INSEP Publications, 2002.*

Croissance ou stabilisation ?

L'enquête 2000 fait état d'une croissance sensible de l'activité depuis 1985 puisqu'on passe en quinze ans de 74 à 83% de pratiquants. Ce qu'on avait noté alors est bien confirmé, à savoir la massification de la pratique des activités physiques et sportives. On fait aussi le même constat d'une diversification des pratiques sous la forme de l'élargissement des activités pratiquées, comme par exemple la confirmation de l'implantation des nouveaux sports, de la transformation de la définition du sport avec, pour conséquence, la perte du monopole fédéral sur le développement des nouvelles modalités de pratique. Mais on retrouve aussi, malgré une incontestable démocratisation des activités physiques et sportives, des inégalités d'accès aux activités et donc une différenciation sociale des pratiques. Au bout de l'analyse, on retiendra qu'on est peut-être, comme pour les pratiques culturelles en général, au bout d'un cycle continu, caractéristique des années 1970-1980, de croissance des pratiques physiques et sportives. Car si les tranches d'âge les plus jeunes, les moins de 25 ans, occupent une place importante, c'est l'allongement de l'âge de la pratique qui a fait gagner une bonne partie des dix points en quinze ans : en 1985, 59% des personnes âgées de plus de 55 ans avaient déclaré pratiquer une activité physique ou sportive ; en 2000, c'est le cas de 73% de ces tranches d'âge. Un autre argument peut être avancé pour alimenter cette thèse : si on exclut ceux qui n'ont déclaré faire que de la marche, une activité qui peut sembler équivoque quant à la mesure d'une pratique sportive, on ne recense alors plus que 31 au lieu de 36 millions de personnes pratiquants des APS, soit 72% de l'échantillon.

La place des jeunes

Etre jeune favorise les activités physiques et sportives : la moitié des personnes participant à des compétitions a entre 15 et 30 ans. De plus, les jeunes sportifs sont beaucoup plus nombreux que ceux repérés dans cette enquête : en effet, on peut estimer que 30% à 40% des licences sportives sont prises par des jeunes de moins de 15 ans. Certaines activités sont, de façon caractéristique, des activités de jeunes, la pratique cessant plus ou moins brutalement après 24 ans : c'est le cas du basket-ball, du hand-ball, du patinage ou des sports de combat. Parler des jeunes, c'est aussi, bien sûr, évoquer l'importance du groupe des étudiants et des élèves dans des sports comme l'athlétisme, les sports collectifs, certains des dits « nouveaux sports » (les différents sports de glisse, l'escalade ou le VTT), le tennis, les sports de combat et les arts martiaux.

Bien être, plaisir et convivialité plutôt que risque et compétition

La pratique d'activités physiques et sportives répond à des motivations plus qu'à des obligations. Ces préoccupations sont de deux ordres : d'un côté la recherche du bien être et de l'autre l'affirmation des liens familiaux et amicaux, beaucoup moins pour l'amélioration de ses performances ou pour la compétition et encore moins pour le risque. Dans les trois quarts des cas, la santé et le besoin d'exercice sont à l'origine du choix des activités. Le plaisir provoqué par l'activité (89%) arrive en tête pour les incitations à pratiquer, loin devant l'exemple des parents (22%) ou de l'école et des cours d'éducation physique et sportive (21%). L'expression d'un certain individualisme est largement tempérée par le fait que le sport se pratique plutôt en groupe (pour 81%), principalement avec les membres de la famille et les amis.

Les lieux de pratique suggèrent une recherche du contact avec la nature et d'une pratique sans contrainte : 63% des activités ont lieu en pleine nature, 47% dans les espaces aménagés comme les parcs ou les parcours de santé, 34% dans la rue, plus que dans les équipements dont l'accès est payant comme les piscines (26%). Les pratiques au domicile ou dans les équipements des clubs sportifs privés ou publics sont relativement moins fréquentes. Outre le fait que les moins de 15 ans sont hors du champ de l'enquête, ceci traduit bien le succès des activités physiques et sportives se déroulant en pleine nature, fréquemment en dehors des équipements et cadres habituels du sport.

Avec ou sans licence ?

Les sports qui comptent le plus grand nombre de licenciés dans la population des 15-75 ans, supérieur à 20% des pratiquants déclarés, sont les arts martiaux, les sports collectifs (à l'exception du volley-ball), le golf et l'équitation, la danse, la chasse et le tennis. Pour une partie d'entre eux ce sont des sports pour lesquels la pratique est fréquente et auxquels sont associées sociabilité et compétition (cas des sports collectifs). Ce sont aussi des activités qui supposent des équipements spécifiques (dojo, court, terrain, parcours, carrière), une formation technique minimale pour pouvoir participer et se voir reconnaître une progression (équitation) ou une autorisation légale comme la pêche ou la chasse.

Moins de 10% de licenciés sont recensés parmi les adeptes des activités les plus pratiquées, telles la marche, la natation, le vélo, les sports d'hiver ou la course à pied, mais aussi le patinage et le roller ou les sports de glisse. Ces activités reposent le plus souvent sur l'usage des espaces naturels ou urbains, nécessitant un minimum d'aménagement, ou sur des espaces aménagés mais très répandus, comme les piscines. La pratique de ces sports n'implique pas une formation technique ou un système de progression qui nécessitent l'appartenance à un club et la prise d'une licence.

La voile, l'escalade et les sports d'eau douce occupent une position intermédiaire. Leur pratique suppose la possession de compétences techniques certaines, notamment au regard des risques que ces activités comportent. Bien que le taux des licenciés soit compris entre 10% et 20%, la moitié des pratiquants appartiennent à des clubs ou à des associations, ce qui en fait des sports plus fortement socialisés que la moyenne. Le fort pourcentage de pratique hors club ou sans possession de licence doit-il être interprété comme une opposition entre nouveaux sports et sports traditionnels ou encore entre pratiques institutionnalisées et pratiques libres ou sauvages ?

La réponse est oui dans la mesure où pour beaucoup de disciplines le souci de santé et de bien-être a soutenu la progression de la pratique physique et sportive au-delà de 45 ans, la pratique s'est faite de façon plus égalitaire entre hommes et femmes, la notion de compétition est relativisée et la sociabilité familiale ou amicale est préférée aux contraintes de l'association. C'est simplement constater que des attentes émergentes portées par de nouvelles populations ne trouvent pas, sans doute, leur place dans les structures fédérales.

Mais la réponse est non si on donne au terme de pratiques libres un sens idéologique, qui en ferait une contre-culture, alors qu'il ne s'agit que d'une adaptation aux conditions de l'offre sportive. Les licenciés et les compétiteurs sont le noyau dur du sport et des activités physiques. Ils sont certes minoritaires, mais incontestablement plus nombreux qu'il y a cinquante ans : n'oublions pas qu'il y avait un peu plus de 2 millions de licences délivrées en 1950 contre 14,5 millions aujourd'hui.

La place des sports de pleine nature[14]

Les activités les plus populaires sont, dans l'ordre, la marche (environ 20 millions), la natation (près de 14 millions), le vélo, suivis par le footing-jogging, les jeux de boules et les sports d'hiver (ski alpin et ski de fond, luge, snowboard) avec 5 millions de pratiquants. Dans ce classement, le premier sport organisé est le football et le second le tennis.

Le classement 2000 des activités physiques et sportives marque la popularité des sports de raquette, tennis, tennis de table, badminton-squash, qui regroupent près de 7 millions de personnes, comme les sports d'équipe. On pourra aussi relever la croissance intéressante du roller, du badminton, du VTT (qui apparaît avec un double usage de support d'activité urbaine ou de pleine nature) ou du volley-ball, activités qu'on pourrait regrouper dans une culture sportive urbaine parce qu'elles s'inscrivent soit dans une forme d'appropriation des espaces de circulation, soit dans les nouveaux espaces aménagés dans et autour des grandes villes (salles de sport ou parcs aménagés). Ces activités sont aussi plus jeunes, plus diplômées et plus mixtes. Quelques sports considérés comme relativement plus « élitistes » tels l'équitation, la voile ou le golf occupent une place non négligeable, regroupant chacun un peu plus de 0,5 millions de pratiquants, un peu au-dessus des activités d'escalade ou l'aviron et le canoë-kayak.

La liste témoigne ainsi d'une forte présence des activités se déroulant dans un cadre naturel ou menées en dehors de tout esprit de compétition : les marches (ainsi, la marche sportive type grande randonnée, randonnée en montagne ou trekking, avec 3 millions de pratiquants, se distingue bien des autres formes de marche), l'escalade, le VTT, les sports de glisse nature en sont des exemples, en plus bien sûr des sports d'hiver ou des activités estivales de baignade et de natation.

Le classement confirme l'implantation des sports de glisse, roller/skate et glisse sur eau ou neige avec près de 3 millions de pratiquants : soit, environ 1,7 millions pour la glisse urbaine et 1,2 millions pour la glisse nature, dont plus de la moitié pour la glisse aquatique. Pourtant, la percée, dans les années 1980, des « nouveaux sports » (glisse, rafting, canyoning) ou le renouveau d'activités classiques comme le roller, le surf, l'escalade ou les marches n'ont pas remis en cause l'importance de sports considérés comme plus traditionnels tels le football, le tennis et globalement les sports collectifs.. On peut même mettre en

---

[14] *Voir G. Truchot, « Les activités sportives de nature », in Les pratiques sportives en France, pp. 69-74 et F. Burlot et M. Paupardin, «Les activités de glisse », ibidem, pp. 63-68.*

évidence une certaine stagnation : en 1985, les sports de glisse nature représentaient 5% des sports pratiqués et en 2000, 3%. Jouent sans doute ici des facteurs tels que le poids démographique moindre des jeunes dans la société ou le coût de certaines pratiques qui, malgré la forte médiatisation des pratiques nouvelles, jouent contre leur croissance. C'est sans doute aussi valable pour un sport plus classique comme le tennis qui regroupait 13% des pratiquants, dans l'enquête de 1985, et n'en regroupe plus que 10% en 2000. Les différentes contraintes (coût, déplacement, sociabilité) qui accompagnent la pratique des sports de glisse comme le surf ou le free ride contrecarrent, à terme, ou limitent le développement attendu des sports fun qui restent, comme certaines activités de pleine nature, principalement pratiquées en vacances : la voile (55% de la pratique pendant les vacances), les sports d'eau douce (50%), la glisse de neige ou de mer (61%), le patinage (58%) et les sports d'hiver (64%).

La pratique d'un sport dépend aussi du revenu et du diplôme

Quels que soient leur sexe, leur âge, leurs revenus, leur profession, les personnes interrogées mettent en tête de leurs activités favorites la marche, la natation et le vélo, mais elles les placent dans des ordres différents selon qu'elles sont des hommes ou des femmes, qu'elles ont ou non le baccalauréat, qu'elles ont des revenus plus ou moins importants. Ainsi, les femmes placent la natation au deuxième rang de leurs activités favorites et les hommes au troisième rang. Les plus diplômés, comme les 15-24 ans, affichent la natation en tête. Seuls les moins de 20 ans font « sortir » la marche et la remplacent par le football.

Certaines disciplines font la différence. Les personnes qui affichent les revenus les plus élevés comme les plus fortement diplômés ou les professions intellectuelles supérieures incluent dans leurs activités de prédilection les sports d'hiver, le tennis et la marche. L'ensemble des activités de pleine nature, notamment celles qui concernent la montagne (marche sportive comme le trekking, escalade et alpinisme, skis, glisses, canoë-kayak, rafting, etc.) sont ainsi fortement liées au diplôme et au revenu : les catégories détenant le plus haut de diplôme et de revenus y sont toujours surreprésentées par rapport à leur poids dans la société.

La relativisation des activités physiques et sportives

De plus en plus de gens font une activité physique et sportive. Il en demeure toutefois une proportion non négligeable qui ne se livre à aucune activité et une autre partie dont le caractère non spontanée de la réponse laisse penser qu'elle ne s'inscrit pas dans la représentation qu'on peut se faire de l'activité physique et sportive, à savoir un engagement physique volontaire régulier. On peut déjà mettre en évidence les obstacles objectifs : le sexe, l'âge, le faible revenu, l'absence de diplôme. Les raisons déclarées pour lesquelles on ne fait pas d'activité physique ou sportive donnent des éléments supplémentaires : les contraintes professionnelles et scolaires qui peuvent être la pénibilité ou l'organisation du temps ; les autres centres d'intérêt qui peuvent être pour quelques-uns le choix d'autres activités culturelles et pour d'autres l'économie domestique quand on pratique le bricolage ; les contraintes familiales qui touchent plus les femmes que les hommes ; l'accumulation des charges financières induites par une activité car si les motifs économiques n'apparaissent pas dans les premières raisons de ne pas faire d'activités, on peut penser que se posent dans les milieux populaires des problèmes d'arbitrage : si ce n'est pas la licence, ce sera les équipements ou les coûts financiers ou culturels de l'éloignement des équipements.

Si les conditions économiques ou culturelles ne sont pas les mêmes, les raisons données ne sont pas très différentes que ce soit pour ceux qui voudraient faire plus d'activités mais ne le peuvent pas et ceux qui ne souhaitent pas en faire plus : d'autres centres d'intérêt, les contraintes professionnelles ou scolaires, les contraintes familiales, les problèmes de coût, et pour ceux qui ne souhaitent pas en faire plus, une insistance un peu plus grande sur des problèmes de rapport à la pratique physique et à son cadre comme la saturation ou l'inadaptation de l'offre d'activités par rapport au niveau. La relativisation du sport est aussi notable quand on s'intéresse à l'attrait que les « sportifs » peuvent avoir pour l'information ou le spectacle sportif : près de 80% des « sportifs » regardent régulièrement ou de temps en temps le sport à la télévision, mais il n'en reste qu'un gros tiers à rechercher des informations dans la presse écrite ou à assister régulièrement ou de temps en temps à des rencontres sportives.

On pourrait penser, qu'en dehors de ceux qui ne pratiquent pas du tout, qu'on a atteint pour une majorité une limite ou un équilibre de l'activité physique et sportive. Parmi ceux qui font une activité, 56% ne souhaitent pas en faire plus, 44% en faire plus, témoignant qu'il y a encore ici de la réserve. Mais l'affirmation que c'est l'existence d'autres centres d'intérêt qui empêche de faire plus d'activités, qu'on déclare ne pas vouloir ou pouvoir faire plus, témoigne sans doute aussi de ce point d'équilibre.

Ce sentiment peut être renforcé par la réponse sur ce qu'on déclare faire en se livrant à une activité : c'est d'abord à une recherche de plaisir, puis à un loisir ou à un exercice physique ou d'entretien et enfin à un sport. Cela peut signifier deux choses : qu'une grande partie des activités sont vues comme appartenant au sport même si on en vide le contenu compétitif, mais que le plaisir et le souci de soi dominent. Le plaisir du sport ou de l'activité physique ne vaut que s'il participe de l'équilibre plus général. Ce qui donne une large part aux activités de pleine nature, mais en relativise aussi les formes les plus exigeantes, d'un point de vue physique ou technique.

Méthodologie de l'enquête

L'enquête a été menée en juin et juillet 2000, par téléphone, auprès d'un échantillon de 6 526 personnes représentatif, selon le sexe, l'âge et la catégorie sociale, de la population française âgée de 15 à 75 ans.

L'enquête avait pour objectif de donner un tableau le plus complet possible de la pratique physique et sportive. De ce fait, elle supposait que les personnes interrogées disent, selon leurs propres catégories, les activités ou sports qu'elles pratiquaient. Une relance destinée à ceux qui avaient répondu négativement avait été prévue (ainsi, on a créé une catégorie « marche relance » regroupant ceux qui ont répondu « marche » après avoir été relancés). Plus de 400 dénominations ont été ainsi enregistrées, puis regroupées en une trentaine de grandes familles. C'est sur cette base qu'a été réalisé le classement des différents sports et activités physiques. Cette classification peut paraître insatisfaisante, mais le mode de passation et de récolte des informations permet de reconstruire à volonté les familles d'activités : on peut créer des familles à l'intérieur des gymnastiques ou de la marche, regrouper, pour les traiter ensemble, les sports collectifs ou les activités de montagne. La condition est qu'il y ait suffisamment de pratiquants pour avoir un échantillon qui puisse être traité.

Echantillon « sports de montagne et de pleine nature »

La taille de l'échantillon a été déterminée afin d'obtenir des sous-populations de taille suffisamment importante pour pouvoir les traiter de façon spécifique. Les sports d'hiver, en incluant ski alpin, ski nordique et luge, comptent suffisamment de pratiquants pour apparaître directement. Mais certaines activités n'apparaissent pas en tant que telle dans le classement parce qu'elles comptent un nombre trop faible de pratiquants. C'est le cas de l'escalade, de l'alpinisme ou de pratiques comme le rafting ou le canyoning qui ne regroupent chacune que quelques unités parmi les personnes interrogées. Afin de les traiter, il est donc nécessaire de les regrouper au sein de familles plus larges. Ainsi, la catégorie « escalade » des résultats de l'enquête comprend les personnes qui ont déclaré faire de l'escalade, de l'alpinisme, du canyoning, de la via ferrata et de la spéléologie. On pourrait ajouter à ce groupe, si on voulait explorer l'ensemble des activités de montagne, une partie de ceux et celles qui ont déclaré faire de la « marche sportive », qui comprend notamment des personnes qui ont déclaré faire de la randonnée en montagne ou du trekking. Pour les activités de pleine nature, il faudrait aussi prendre en compte des activités comme l'équitation (notamment les randonnées équestres), le VTT (au moins une partie), le kayak, etc.

Population sportive totale	cent%	36, 6 millions
marche	55%	20, 1
natation-baignade	38%	14, 2
vélo	34%	12, 5
courir (footing, jogging)	17%	6,30
marche relance	17%	6,30
jeux de boules	16%	6,20
gymnastiques	14%	5,40
sports d'hiver	13%	5,30
football	13%	4,70
tennis	10%	3,60
marche sportive	8%	3,10
pêche	8%	3,00
musculation	7%	2,60
tennis de table	6%	2,30
roller-skate	5%	1,70
badminton-squash	5%	1,70
basket-ball	4%	1,30
volley-ball	3%	1,20
glisse nature	3%	1,20
chasse	3%	1,10
danse	3%	1,00
équitation	2%	0,80
arts martiaux	2%	0,70
voile	2%	0,60
escalade	2%	0,60
golf	2%	0,60
hand-ball	2%	0,60
athlétisme	1%	0,50
patinage	1%	0,50
rugby	1%	0,40
sports de combat	1%	0,40
aviron-kayak	1%	0,40

Classement des activités physiques et sportives par taux de pratique
Source : enquête MJS/INSEP *Les pratiques sportives en France, 2000/2002*

SEXE	% d'hommes dans chaque activité		% de femmes dans chaque activité
hommes	52%	**femmes**	48%
chasse	95%	**chasse**	5%
rugby	94%	**rugby**	6%
football	92%	**football**	8%
sports méca	89%	**sports méca**	11%
pêche	84%	**pêche**	16%
sports de combat	79%	**sports de combat**	22%
golf	78%	**golf**	22%
boules	73%	**boules**	27%
arts martiaux	72%	**arts martiaux**	27%
voile	72%	**voile**	28%
escalade	71%	**escalade**	29%
Aviron-kayak	70%	**Aviron-kayak**	30%
hand-ball	69%	**hand-ball**	31%
tennis de table	69%	**tennis de table**	31%
tennis	68%	**tennis**	32%
basket	67%	**basket**	33%
musculation	65%	**musculation**	35%
courir	65%	**courir**	35%
athlétisme	64%	**athlétisme**	36%
glisse	61%	**glisse**	39%
vélo	60%	**vélo**	40%
sports d'hiver	58%	**sports d'hiver**	42%
marche sportive	57%	**marche sportive**	43%
roller	56%	**roller**	43%
badminton	56%	**badminton**	44%
volley	50%	**volley**	50%
natation	47%	**natation**	53%
marche	43%	**marche**	57%
équitation	40%	**équitation**	60%
marche relance	34%	**marche relance**	66%
patinage	29%	**patinage**	71%
gymnastique	22%	**gymnastique**	78%
danse	20%	**danse**	80%

Pratiques sportives et sexes

Source : enquête MJS/INSEP, *Les pratiques sportives en France, 2000/2002*

Age moyen des pratiquants	**41**
sports de combat	21
hand-ball	23
basket-ball	24
patinage	24
volley-ball	25
roller	26
rugby	27
football	27
arts martiaux	28
escalade	28
athlétisme	29
glisses	29
badminton	29
équitation	30
tennis	30
aviron-kayak	32
danse	32
tennis de table	32
musculation	32
courir	33
sports mécanique	33
sports d'hiver	trente cinq
golf	37
natation	38
voile	38
vélo	38
marche sportive	39
gymnastique	42
boules	43
pêche	44
marche	45
marche relance	47
chasse	49

Pratiques sportives et âges

Source : enquête MJS/INSEP, *Les pratiques sportives en France, 2000/2002*

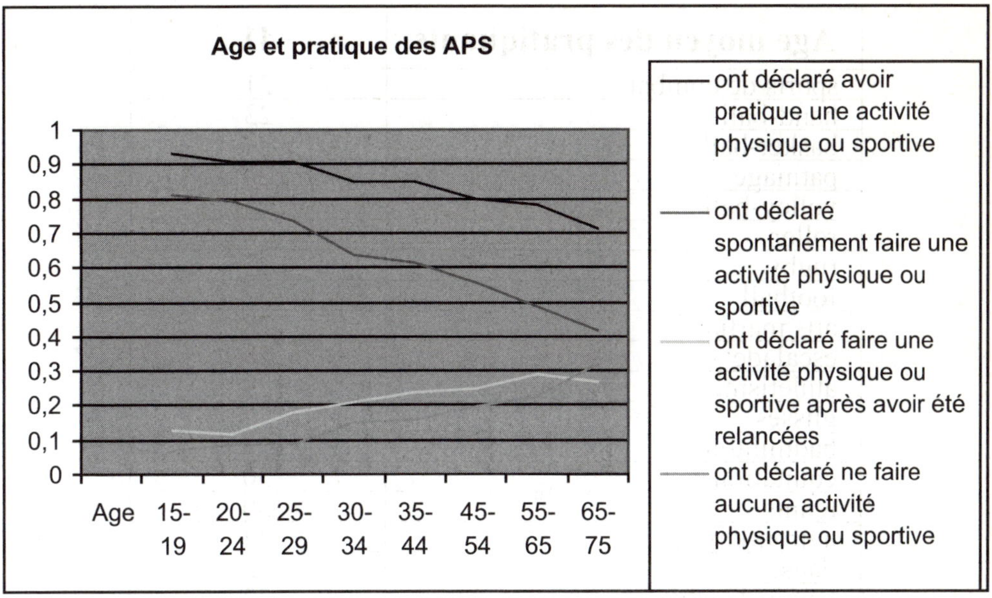

Source : enquête MJS/INSEP, *Les pratiques sportives en France, 2000/2002*

Les cultures sportives de la montagne d'aujourd'hui et de demain

Jean Corneloup, UFR STAPS Clermont-Ferrand, Laboratoires Territoires-CNRS, UMR PACTE, Grenoble.

Au cours des dernières décennies, la montagne a été marquée par de nombreux changements. Que ce soit sur un plan culturel, économique, institutionnel, juridique, des transformations majeures ont marqué l'histoire récente de ces espaces géographiques. L'invention d'une pléthore de pratiques (VTT, parapente, escalade, base-jump, cerf-volant, surf des neiges…) participe à ce renouvellement. L'aménagement en équipements sportifs se poursuit que ce soit au niveau des voies d'escalade, des chemins en VTT, des voies ferrées (via ferrata) et autres parcs d'aventure. La production de nouveaux médias (Free Ride, Trail, Outdoor, Grimper…), associée à l'effervescence d'images photographiques et numériques, participe à changer les relations iconiques avec la montagne. D'autres formes d'imaginaires se sont développées annonçant un renouvellement des représentations, des attentes et des comportements des usagers de ces territoires.

On pourrait poursuivre par d'autres exemples pour montrer combien la montagne d'aujourd'hui et encore plus celle de demain modifient ses infrastructures, ses pratiques et ses formes de gestion. Face à tous ces bouleversements, marqués par une fragmentation de la montagne unifiée d'autrefois[15] se pose la question de son identité. Comment peut-on saisir les traits culturels qui caractérisent cet univers ? Qui sont les pratiquants ? Que font-ils ? Existe-t-il une culture sportive de la montagne identifiable ? Dans le cadre de cet ouvrage, notre propos consistera à présenter les résultats d'une enquête qui a été réalisée au cours de la période 2001-2002 portant sur l'analyse des cultures sportives de la montagne. A partir de l'observation de tous ces

---

[15] *Jean Corneloup, (1991),"Escalades et post-modernité", Aventure, "Sociétés" ; Philippe Bourdeau, Pascal Mao, (2002), « Les nouveaux espaces des pratiques sportives de montagne et de nature », Les espaces sportifs innovants.*

changements, il apparaît nécessaire de faire le point sur le mouvement culturel qui participe à qualifier ces usages de la nature.

Dès lors, l'hypothèse centrale qui alimente notre réflexion consiste à remettre en cause cette vision dramatique que certains peuvent présenter lorsqu'il parle des pratiques de la montagne. L'observation d'une pratique sportive éloignée des fondements et des invariants culturels qui ont marqué l'histoire du mouvement moderne ne nous semble pas pertinente comme celle qui consiste à penser qu'il n'existe plus de différences culturelles marquantes entre usagers de la montagne. On pourrait aussi évoquer les valeurs affichées par les pratiquants lorsqu'on les interroge sur les dimensions symboliques exprimant leur vision de la montagne. La fréquentation de ces lieux ne doit pas se résumer à une simple approche touristique qu'elle soit ludique, esthétique ou énergétique. Derrière les pérégrinations montagnardes se cachent des enjeux autour de la manière d'aménager, de développer des pratiques, de sécuriser les espaces ou encore de définir des espaces communs d'action. Bref, la lecture politique de la montagne devrait prendre en compte les cultures et les opinions que les pratiquants prennent pour tendre vers une gestion harmonieuse de ces hauts et bas lieux de pratique. La montagne est aussi un espace de controverses que nos démocraties ne peuvent ignorer pour s'orienter vers des décisions de meilleure qualité. L'attention portée aux cultures est une invitation à repenser l'approche classique du politique en montagne.

1. Le mouvement historique des cultures sportives de la montagne

La présence de pratiques culturelles en montagne ne date pas d'hier. En quelques lignes, on peut présenter les différentes époques historiques qui ont participé à organiser ces pratiques. Quatre périodes peuvent être identifiées qui marquent d'une manière très particulière le rapport à la nature, au corps, à l'espace, à l'ici et à l'ailleurs montagnard. Les cultures traditionnelles, modernes, post-modernes et écologiques ont largement contribué au façonnage des relations avec les espaces de la verticalité. Ces cultures définissent des couches culturelles qui structurent le rapport à la montagne.

Le premier mouvement culturel est traditionnel. De tout temps, des communautés villageoises et des seigneuries à partir du haut Moyen-Age ont participé au développement d'activités récréatives et utilitaires en montagne que ce soit à l'intérieur ou à l'extérieur du village. On peut ainsi retenir quatre grandes familles de pratique qui ponctuent le temps villageois : **les activités utilitaires en nature** (chasse, pêche et cueillette), **les jeux et fêtes traditionnels** (danse, folklore, marelle, épervier et autres jeux villageois), **l'ermitage et les pèlerinages**, et enfin **les pratiques et les jeux guerriers et violents**[16]. Si la haute montagne n'a pas été le lieu d'investigation forte sur un plan pratique, elle a été bien souvent un espace, construit symboliquement. Les lectures païennes et plus tard chrétiennes ont participé au développement de ce que certains ont appelé un syncrétisme religieux[17]. La haute montagne est véritablement un espace de l'ailleurs, partagée entre des images telluriques, maléfiques et spirituelles. Quelle place faut-il accorder à ce mouvement aujourd'hui ? Il semble nécessaire de redonner de l'importance à ce mouvement traditionnel, étant donné les multiples expériences néo-rurales qui émergent ici ou là et le retour du néo-régionalisme et de différentes activités traditionnelles.

Cependant, au regard de l'histoire des pratiques sportives de la montagne, il faut attendre le XIXe siècle pour voir apparaître les premières pratiques de l'ère moderne. Sous l'influence des anglais et des genevois, la montagne se transforme en espace à conquérir. Plus globalement, c'est le développement de l'urbanité, l'émergence de la bourgeoisie, le protestantisme, les sciences et de l'esthétisme moderne qui ont largement participé à la transformation du rapport à la montagne. D'un espace inesthétique, chaotique et sans valeur, la montagne va en quelques décennies devenir un lieu distingué et valorisé par le tourisme naissant et les sportifs du plein air. On peut retenir cinq grandes familles de pratique qui ont participé à organiser les activités de loisirs : **les pratiques d'engagement** (alpinisme, kayak, spéléo), **les activités d'itinérance** (randonnée, cyclotourisme, rallye motorisé), **les sports classiques** (golf, tennis, cyclisme...), **les activités récréatives et touristiques** (visite des hauts lieux de nature, détente, promenade, petits jeux dans une nature aménagée) sans oublier la forte présence **des mouvements de jeunesse** (colonies de vacances, scout et autres institutions sociales). Pendant plus d'un siècle, la montagne a été marquée par la présence de ces pratiques qui ont permis une progressive urbanisation et un aménagement continu de la montagne :

---

[16] *V. Milliot, (1986), Cultures, sensibilités et société dans la France d'Ancien régime.*
[17] *J. Prieur, (1983), La Savoie, des origines à l'An Mil.*

la construction des stations de sports d'hiver et d'été, la création de chemins de randonnée, la constitution de clubs de nature, la couverture de la montagne en refuge, l'apparition des topos et des guides, sans oublier le développement de toute une infrastructure touristique et l'émergence des professionnels de la montagne forment un ensemble de pratiques et d'objets emblématiques de ce deuxième mouvement.

Entre les années 1970-80 apparaît une nouvelle dynamique autour du mouvement post-moderne. La montagne change d'univers lorsque d'autres acteurs, publics, objets et pratiques viennent bouleverser l'ordre précédent. Sans doute, il faut reconnaître le rôle considérable joué par les modifications structurelles de nos sociétés dans ce changement (tertiarisation de l'économie, augmentation du temps libre, apparition de nouvelles technologies, progression du niveau de vie, modification des moyens de transport, apparition des valeurs post-matérialistes et baisse des références culturelles classiques). Mais en plus de ce mouvement sociétal, il faut retenir celui interne au champ des pratiques du plein air qui participe largement à ce renouveau. La saturation des pratiques classiques de la montagne, à l'image de l'alpinisme dont ses principes de jeu et ses valeurs ont été remis en cause et déstabilisés, explique aussi ce changement. Dès lors, la porte était ouverte pour la création de multiples pratiques qui ont eu pour effet de bouleverser en profondeur la dynamique culturelle de la montagne. Profitant du développement du loisir dans nos sociétés, de nombreux acteurs (collectivités locales, entreprises, prestataires, médias,..) se sont lancés dans la création d'un véritable marché des sports de nature. Sept familles de pratique participent à ce mouvement : **les pratiques californiennes, fun et free ride** (escalade falaise et bloc, VTT, parapente, base-jump, waterjump, rodéosurf…), **les néo-sports modernes** (toutes les pratiques précédentes qui ont modifié leur fondement pour se convertir en sports de compétition à l'image de l'escalade compétitive), **les pratiques ludiques** (parcs aventure, accrobranche, parcs de loisir, saut en élastique, piscine, canyon ludique, rafting…), **les hédo-sports** (canyoning, via ferrata, kayak plaisir, randonnée allégée, parapente site, VTT bucolique…), **les produits de services** (stage, sentier à thème, séminaire, aventure théâtralisée, activité thématisée…), **les raids-nature** (en tout genre) et **les évenementiels** (défis entrepreneurials et festivals sportifs multiples). Cet éclatement des pratiques participe à une importante segmentation de cet univers culturel qui se fragmente en noyaux épars.

Enfin, il importe de prêter attention à ce dernier mouvement qui s'infiltre dans le champ des pratiques de nature et qui participe à recomposer les relations avec les institutions, la nature, les produits et toutes les formes d'aménagement. Mouvement discret parfois, mais qui sait se faire entendre de temps en temps, il s'inscrit dans ces nouvelles pratiques qui se développent dans nos sociétés occidentales. L'éco-culture participe à la mise en place d'autres relations avec la nature, les populations locales, les produits de consommation, les activités professionnelles et les pratiquants. On quitte ainsi les relations avec une nature de surface pour renouer des contacts avec une nature en profondeur (dans certains cas). La force d'émergence de l'éco-tourisme semble considérable dans cette tendance à donner la priorité à ces pratiques qui respectent les principes du développement durable. Autour de pratiques softs mais qui peuvent parfois s'inscrire dans une relation extrême en fonction de l'expérience que l'individu souhaite vivre, on peut présenter quelques exemples de pratiques en devenir : toutes **les formes d'itinérances sportives** qui s'inscrivent dans la durée (randonnée pédestre, randoparapente, randoVTT), **pèlerinages, voyages spirituels, expériences écologiques, aventure dans un milieu extrême** (expédition lointaine, immersion longue dans la nature, pratiques des castors juniors), **développement des éco-randonnée** (nourriture bio, village nature, rencontre, découverte des écosystèmes, attirance pour la cabane canadienne). On peut aussi penser à certaines pratiques d'aventure extrême qui se situent dans ce mouvement en prenant comme exemple l'aventure réalisée par P. Berhault qui s'oppose par bien des points aux défis réalisés dans les années 85-95 par Profit, Escoffier, Ghersen. Une autre éthique de l'action prend forme avec une redécouverte de l'humain dans les échanges vécus avec d'autres qui reposent sur une conception renouvelée des relations avec la nature.

Ces quatre mouvements culturels s'inscrivent dans une dynamique contemporaine et participent à organiser aujourd'hui les différentes façons de s'engager dans la montagne, de la vivre et de la parcourir. Pour synthétiser, il est possible de présenter les grands traits culturels de chacun de ces mouvements :

- Mouvement traditionnel : culture prédative, locale, patrimoniale, combative, religieuse, utilitaire, rurale, festive.

• Mouvement moderne : culture prométhéenne, contemplative, touristique, récréative, urbaine, éducative et compétitive, associative et institutionnelle.

• Mouvement post-moderne : culture californienne, fun, free ride ; culture compétitive, ludique, hédo-sportive, entrepreneuriale et marketing ; culture du loisir.

• Mouvement écologique : culture de l'expérience, de la naturalité, de l'hypernaturel, de la vitalité soft et du nomadisme.

Pour prolonger cette lecture des traits marquants de ces univers culturels, propres à chacun de ces mouvements, un tableau des dimensions symboliques est présenté. Une structure sémantique du champ des pratiques sportives de montagne est observable (figure 1).

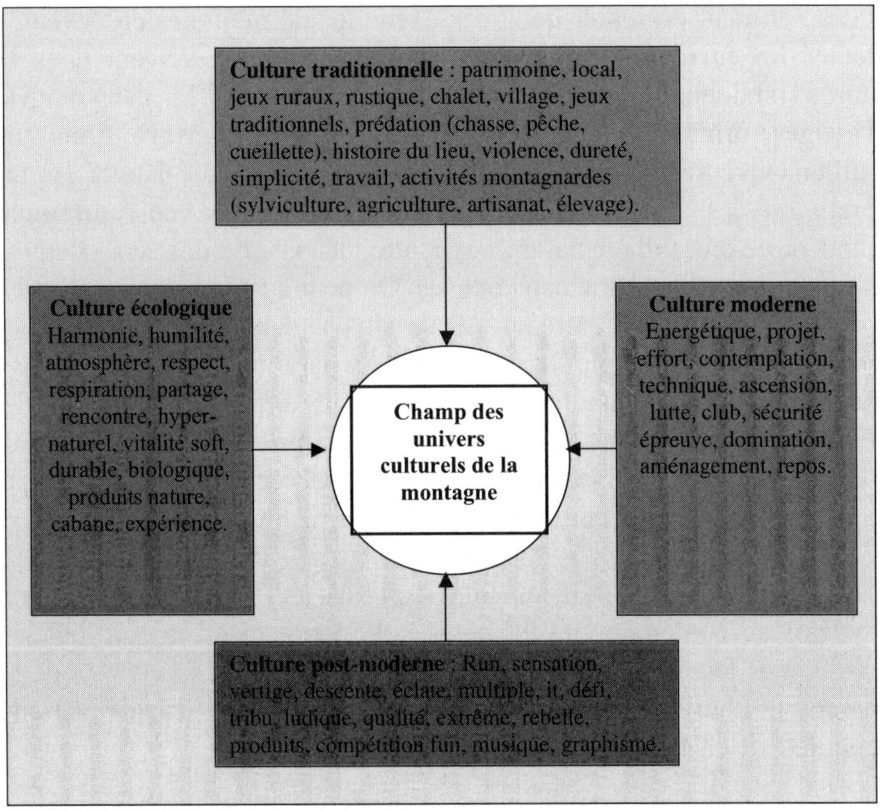

Fig. 1 : Univers culturels et structure sémantique du champ des pratiques sportives de montagne (Corneloup, 2002

Processus et principes actifs

En étudiant la conjoncture des années 1980-2000, trois processus semblent caractéristiques des dernières transformations qui ont marqué l'histoire des pratiques sportives de la montagne. En quelques décennies, une accélération forte s'est produite qui a eu pour effet de modifier la lecture des cultures sportives et qui engage la montagne sur le chemin d'une reconfiguration structurelle.

Effervescence territoriale et temporelle

Si autrefois, les pratiques dominantes se déroulaient en haute montagne, on peut aujourd'hui observer une stagnation de ces activités historiques et une forte progression des pratiques en moyenne et basse montagne. Un élargissement de l'espace sportif montagnard est ainsi identifiable qui a pour effet de modifier la lecture des territoires de pratique. Ajoutons que si la montagne bouge, elle ne le fait pas seulement sur un plan spatial. Ce sont les rythmes de pratique qui changent aussi bien en termes de fréquentation que de période. Ainsi, les experts semblent d'accord pour reconnaître une tendance à l'interpénétration des saisons qui ne sont plus aussi marquées qu'auparavant. Cette situation rend moins pertinent ce découpage entre pratiques hivernales et estivales. Un allongement et une confusion temporelle des saisons sont bien observables.

À ce premier mouvement, il faut associer une sorte de désacralisation des pratiques d'altitude, pour une exploration des activités se déroulant en basses et moyennes vallées ; les travaux de Philippe Bourdeau[18] ont bien montré cette ouverture des sports dans la vallée de la Vallouise qui a pour effet de modifier la cartographie des pratiques et les enjeux de territoires. Ajoutons la tendance à voir les publics augmenter leurs mobilités touristiques que ce soit pour des raisons climatiques, sportives, sociales ou marketing. Bref, la montagne change de rythme et l'unité d'autrefois autour de la haute montagne est bousculée par cette effervescence territoriale et temporelle. Cette dynamique est renforcée par le rôle considérable joué par les collectivités territoriales qui s'impliquent de plus en plus dans la dynamique des territoires que ce soit en terme d'aides à la création de nouveaux produits, par l'amélioration de l'esthétique des cités, par la création de formes

[18] *Bourdeau Ph., Corneloup J. (2001), Métiers sportifs de la montagne et culture professionnelle, in Montagnes méditerranéennes, n° 13, p. 105-119.*

de gestion innovantes[19] ou par le développement d'animations en tout genre. Bref, la montagne a considérablement bougé en 20 ans tout en précisant que les espaces sportifs qui se développent le plus ne sont pas ceux de **l'outdoor** (même s'ils continuent à progresser) mais ce sont surtout les pratiques de **l'indoor** (à l'intérieur des espaces urbains de la montagne) et de **l'aroundoor** (à la périphérie de la station et du village) qui explosent. La petite nature progresse plus dans son développement que la grande nature et ceci grâce à la capacité des technologies et des aménagements soft à dynamiser les interstices territoriaux[20].

Recomposition des univers culturels

Sans aucun doute, on peut considérer que la culture moderne, construite autour des pratiques de l'alpinisme et de la randonnée classique, est en phase de stagnation à l'inverse de la culture post-moderne qui explose et de la culture traditionnelle qui retrouve de la vigueur. En pointillé, l'éco-tourisme se développe et pose les bases de sa culture. Mais au-delà de ce premier constat, il faut surtout noter une tendance à la fragmentation et à la combinaison des univers culturels. De plus en plus, un métissage se produit annonçant ce mouvement baroque de la montagne et la création de niches culturelles composites. Le temps des grands récits semble bien fini laissant la place à une multitude de petites histoires autour desquelles le public s'agrégera dans un mouvement sans fin[21].

Mais cette dynamique ne doit pas passer sous silence certains mouvements de fond qui caractérisent l'époque actuelle. Au-delà de ce bouillonnement, on peut noter au regard de l'histoire, une forte baisse des mouvements de jeunesse et de la pédagogie par le plein air tels qu'ils avaient été conçus durant la modernité. Cet univers se voit remplacé par la progression qui semble sans limite de la culture sportive

---

[19] *La création de site pilote de plein air (Millau), d'unité touristique nouvelle (Gorges du Chassezac), de l'espace « Retrouvance » (ONF) et autres formes territoriales s'inscrit dans cette tendance à la reconfiguration des territoires de pratique, très bien étudiée par Bourdeau - Mao (2002). A ce mouvement, il faut ajouter la création de tous ces territoires commerciaux et privés (ex. Intrawest aux Arcs, Center-park, Club-Med à Serre Chevalier) qui auront pour effet de filtrer encore un peu plus l'accès à ces hauts lieux de la culture montagnarde.*

[20] *Les écrits de Bourdeau et Mao (2002) expliquent bien ce phénomène interstitiel qui s'inscrit dans un processus de diversification pour les stations et de création de fortes plus-values par le positionnement marketing et financier de ces aménagements (via ferrata, bassin de kayak, accro-branche,...), à accès payant et par la faible valeur économique au départ de ce foncier montagnard.*

[21] *On peut prendre l'exemple des via ferrata, décrit par Bourdeau, Mao (2002) comme pratique hybride, située au carrefour de l'alpinisme et de la randonnée.*

compétitive que ce soit au niveau des pratiques de loisirs des jeunes ou des animations locales. Jamais autant que durant ces dernières années, les communes, associations et autres acteurs touristiques ont puisé leurs manifestations dans les événementiels sportifs compétitifs.

Ajoutons que la pratique de la montagne a changé sous l'effet d'une forte augmentation de la médiation technologique, vestimentaire et médiatique. La profusion d'images en tout genre et la tendance à la théâtralisation de son apparence qui se concrétise par une mise en spectacle de sa pratique et son style vestimentaire et personnel ont pour effet de renouveler la relation culturelle à la montagne[22]. A cela, il faut ajouter l'extraordinaire profusion d'une multitude d'objets qui se déclinent en autant de segments de clientèle et de saisons pour comprendre l'attirance des usagers de la montagne pour ces produits qui irradient le marché du plein air. Les pratiquants deviennent ainsi de plus en plus experts dans la connaissance des matériaux et possèdent un stock important d'objets (chaussures, livres, vestimentaires, engins, topos...). Ce qui a pour effet de les rendre plus exigeants dans l'achat ou lors de location de matériels[23] tout comme ils transposent l'amélioration de leur confort et des formes de services marchands urbains dans leurs activités en montagne.

Transformations professionnelles et institutionnelles

Si les territoires et les cultures sportives ont beaucoup changé au cours des dernières décennies, le monde des professionnels et des acteurs touristiques n'est pas en reste. Sans aucun doute, il faut noter la modification des métiers et des cultures professionnelles marquées par le passage de la première à la deuxième génération d'acteurs[24]. Les guides et autres moniteurs du plein air qui constituent la première génération de professionnels ne sont plus les seuls sur le marché de l'encadrement des pratiques. Avec l'arrivée des sports en station et dans les villages, des parcs aventure et autres espaces de loisirs, d'autres opérateurs émergent en même temps que se développent d'importantes structures de loisirs sportifs de nature sous une forme entrepreneuriale.

---

[22] *Cette dimension du spectacle et de la présentation de soi a été étudiée par Ohl (1999) concernant les cultures sportives contemporaines.*

[23] *Ajoutons que la tendance est à l'augmentation de la location de matériels, pour une durée plus ou moins longue, ce qui facilite l'accès social à ces pratiques et permet l'émergence d'une nouvelle forme de distribution commerciale des produits. Cette pratique de la location aura aussi tendance à se généraliser au niveau des hébergements pour des raisons économiques (au niveau des stations sportives) et individuelles (baisse des contraintes personnelles).*

[24] *Corneloup J. et Bourdeau Ph., "Culture professionnelle et métiers du tourisme sportif de montagne ", revue Téoros, Canada, 2002, vol. 20, n° 3, pp. 32-44.*

Une logique marketing et managériale émerge qui bouleverse la relation historique et personnalisée entre le guide et son client. Aujourd'hui le professionnel gère des flux de clients, développe des prestations sur-mesure, adaptées à ses publics en fonction de son positionnement stratégique. Dès lors, on observe une multiplication des formes de produits proposés que l'on décline à volonté en fonction de segments de clientèle concernés. Bref, on s'oriente vers la création de gammes de produits et de prestations multiples pour répondre à la diversité des attentes culturelles des consommateurs.

Ce premier niveau de changement doit se connecter avec le grand brassage financier, économique et structurel qui est en train de s'organiser au niveau des acteurs de la montagne. Une recomposition des liens professionnels, institutionnels et territoriaux est en cours, annonçant le temps des alliances multiples. La pratique du « trade marketing » et du « co-branding »[25] est en train de se généraliser dans le monde de la montagne marquée par des liaisons plus fortes entre les différents opérateurs (entrepreneurs et distributeurs, fédérations et stations, T. O et grandes agences immobilières). Sur certains produits et événementiels, des alliances voient le jour entre différents partenaires pour renforcer la qualité des opérations marketing et diversifier le champ des activités professionnelles. Mais cette grande restructuration du marché, poussée par le mouvement des actionnaires, ne doit pas cacher la formidable dynamique des petites entreprises du plein air qui continueront à produire de la nouveauté et à se positionner sur des créneaux porteurs et conjoncturels. Leur rapidité de mise en action leur permet de se déplacer rapidement, de saisir les bonnes opportunités ou d'occuper des petits marchés, inintéressants pour les grands opérateurs ou trop coûteux à expérimenter.

À cela, il faut ajouter que les années présentes et à venir sont marquées par un vaste mouvement d'invention et d'innovation qui participe à créer sans cesse de la nouveauté pour répondre aux attentes croissantes d'une clientèle et d'un public pour des divertissements multiples et porteurs de sensations inédites. Exploitant les progrès à la fois numériques et technologiques, les entrepreneurs et marketeurs de l'innovation continueront perpétuellement à renouveler les attractions de la montagne. Sans aucun doute, cette émergence de produits en tout genre et d'aménagements de plus en plus affinés a pour corollaire le fort développement sécuritaire et normatif. Pour fidéliser une clientèle versatile, répondre aux normes de qualité imposées par le marché, se

[25] *Luc Boyer, Le marketing avancé, éd. d'organisation, 2000.*

protéger des effets désastreux d'accidents médiatisés et répondre aux attentes de la clientèle pour une prestation de qualité, les investissements sécuritaires seront toujours plus importants et coûteux, à l'exemple de ce qui se passe déjà dans les stations de sports d'hiver ou dans la gestion des structures de loisirs.

Enfin, on peut noter les changements qui se sont produits au niveau institutionnel. Les fédérations sportives ont, pour la plupart, dû s'adapter aux transformations des attentes des licenciés et développer des relations avec d'autres publics. Face à l'apparition de nouvelles cultures (californienne, free ride, ludique, hédoniste), ces fédérations ont cherché à organiser des pratiques compétitives pour ne pas se couper de ce mouvement avec plus ou moins de réussite. Certaines ont participé au développement de pratiques touristiques, à l'exemple de la fédération de kayak ; tandis que d'autres ont limité leurs actions dans l'univers ludique. Selon l'histoire fédérale vécue, elles ont accepté plus ou moins rapidement de rentrer dans une démarche marketing et entrepreneuriale dans la façon de concevoir les relations avec les licenciés, les publics et leurs personnels. Mais globalement, on peut penser que le poids des acteurs institutionnels a baissé dans sa capacité à participer à la gestion des pratiques sportives de nature et de montagne.

Les principes actifs

Pour compléter le tableau, il apparaît opportun de présenter les principes qui organisent aujourd'hui les relations culturelles à la montagne. En effet, les manières de définir ces relations semblent avoir changées. Sept principes peuvent être retenus jouant un rôle majeur dans la configuration culturelle des pratiques sportives de la montagne, tels que les pratiquants peuvent les vivre actuellement et encore plus demain :

– **Interactivité :** l'époque est marquée par un raccourcissement des temps d'inaction, d'attente et d'éloignement. Une pratique bien vécue se caractérise par un enchaînement de ces différentes phases où il s'agit de limiter au maximum les contraintes et les nuisances. Le pratiquant veut participer intensément à l'action pour vivre le maximum d'émotions et se procurer les sensations les plus fortes. Grâce aux prouesses technologiques, à la modification des rythmes professionnels, à l'entraînement, à l'amélioration des mesures sécuritaires, l'individu peut rythmer d'une manière interactive ses moments de travail et de loisir, ses échanges entre la vallée et la nature sportive, ses relations avec l'extrême vertigineux. Que ce soit sous une forme simulée ou réelle, l'interactivité doit être maximale avec l'objet pour apporter une ivresse corporelle. Le jeu avec les éléments que ce soit en parapente, en VTT de descente, en escalade, en base-jump n'est extrême que s'il est vécu dans l'interactivité, c'est-à-dire dans une proximité forte avec les éléments dans des conditions d'équilibre précaire. C'est cette dimension de l'entre-deux jamais totalement maîtrisée, sauf dans le cadre de prestations sur mesure, qui constitue un des ingrédients majeurs des pratiques intenses. Ceux qui vont le plus loin dans cette interactivité, « envoient du gros » et sont dans la logique du « it » par ce bousculement des repères et des certitudes[26]. Mais cette interactivité n'est possible que si l'on limite au maximum les temps d'attente, les contraintes logistiques et si les conditions météorologiques ne viennent pas perturber cette demande d'interactivité.

- **Réseau, fragment :** la fin des constructions rectilignes et pyramidales laisse la place à des agencements territoriaux qui épousent la forme du fragment, du morceau, de la ligne brisée et recollée. La pratique du bloc, les raids en nature, le développement des voies sur des parties de falaise, les randonnées en étoile, la combinaison des activités modifient les relations historiques aux pratiques et à l'espace. Le réseau apparaît aussi lorsqu'il n'y a plus de centres, de pratiques majeures ou mineures mais quand tout peut se combiner et se mixer en fonction des individus, des rencontres et des liens qui se contractualisent, ici ou là.

- **Mouvement, multiple, combinaison :** si pendant très longtemps, la fidélité à une pratique était forte, aujourd'hui, une tendance à la combinaison de styles et des pratiques, classiquement opposées se produit. Une logique du pont est ainsi perceptible lorsque le free ride se mixte avec l'alpinisme classique, lorsque les pratiques traditionnelles se combinent avec les pratiques post-modernes. Le mouvement se perçoit aussi du côté des entreprises où la tendance est à la diminution du nombre d'articles produits autour d'une innovation pour faciliter le renouvellement et jouer la carte du multiple. Cette logique du présent semble ainsi s'installer dans les pratiques de la montagne par cette obligation de suivre le mouvement des pratiques et des objets vendus

[26] *Alain Loret, (1995), Génération Glisse.*

pour conserver une image de « branché » et d'actif. Mais cela n'induit pas que tout le monde pourra participer à ce mouvement. L'accès à ces univers innovants de l'excellence ne va pas de soi et le prix à payer sera de plus en plus cher[27].

- **Ambivalence, ambiguïté :** l'ambivalence se perçoit dans les capacités de proposer et d'utiliser des produits multi-fonctionnels. Les produits nomades de demain (produits numériques, voiture, maison, chaussures, vestimentaires) se mêleront aux lieux ambivalents, par leur capacité à mixer de multiples univers (parcs loisir multi-fonctionnel, services à la carte, stations multiples, pratiques d'une diversité de pratiques...). L'activité n'est plus définie par l'objet ou le site. L'individu devient largement impliqué dans la déclinaison de sa pratique. L'ambiguïté se découvrira par cette capacité à vouloir tout et son contraire (le risque et la sécurité, le mouvement et la stabilité, le sauvage et le domestiqué, la nature et l'urbain, la nourriture exotique et la norme occidentale...). On entre ainsi dans cette culture de l'entre-deux et la montagne se présente comme un espace remarquable pour faire vivre ce principe.

- **Expérience et transcode :** les relations à la montagne se transforment à partir du moment où la culture moderne qui impulsait un rapport de conquête à la montagne (faire une liste de courses, ouvrir une première, réaliser une voie majeure, faire le GR 20...) ne correspond plus à l'esprit montagnard d'aujourd'hui. Lorsque la logique de l'avoir tend à baisser, les codes de jeu se transforment ; les référents culturels épousent des symboliques moins linéaires en accordant plus de valeur à l'expérience vécue, à la rencontre esthétique avec la nature, à des récits plus romanesques ou au branchement sur des figures de l'imaginaire plus baroques.

- **Co-production, co-pilotage et démarche marketing :** si le pratiquant est demandeur de produits sur-mesure, adaptés à son niveau, le principe interactif induit que le pratiquant soit personnellement impliqué dans l'action. Etre acteur, c'est pouvoir choisir et participer à l'élaboration de son projet et contrôler les règles du jeu. Dès lors, le raccourcissement des temps d'apprentissage et la mise en action rapide sont autant d'ingrédients qui favorisent la capacité du pratiquant à maîtriser l'action dans laquelle il est engagé. Pour cela, les prestations proposées doivent favoriser cette impression d'autonomie et de conduites individuelles

[27] *J. Rifkin, (2002), L'âge de l'accès.*

de son action pour que le pratiquant puisse vivre des expériences intenses.

- **Négociation, participation et compromis :** face à des pratiquants de plus en plus exigeants, informés, critiques et diversifiés, la bonne gestion des pratiques et des territoires nécessite de jouer le jeu de la concertation des différents acteurs et de la participation des publics aux décisions concernant la création de produits, l'aménagement des espaces ou encore l'amélioration de la sécurité.

Le temps semble ainsi loin où le touriste allait passer un mois en montagne, effectuait un peu de sorties en nature, s'initiait à une pratique en restant de longues années débutant ou parcourait les longs sentiers de montagne, chaussé de « grosses Vibram » et d'un sac imposant. Les plus aisés, financièrement, se « payaient » un guide pour faire quelques courses ; les autres vivaient la montagne par procuration et avec lenteur, bien souvent dans des hébergements plus ou moins bien équipés. Seuls, quelques initiés aux pratiques de la haute montagne osaient s'aventurer dans ces contrées lointaines pour vivre des aventures intenses. Aujourd'hui, les choses s'accélèrent : la vitesse a remplacé la lenteur, la descente la montée, le petit groupe le club et la multi-pratique la mono-pratique. Sur un autre registre, le mois a été remplacé par la semaine, un peu de matériel par une inflation de produits, quelques animations par une pléthore d'aménagements et de festivités. Bref, un nouveau monde est apparu, bouleversant bien des habitudes, construites durant la modernité. Aucune montagne ne semble épargnée par ce mouvement, même si certaines vont plus vites et d'autres résistent un peu plus.

2. Les traits culturels de la pratique sportive de la montagne

Pourtant, face à ce mouvement que de nombreux experts confirment, se pose la question des éléments sur lesquels repose cette analyse. Au fond, quels sont les outils et les variables utilisés pour saisir ces cultures ? Peut-on aussi facilement que certains le font, gommer ce qui constitue le fondement culturel des sports de montagne ? L'effort, la contemplation, l'énergétique, l'engagement, la souffrance, le départ tôt le matin, la responsabilité… sont-elles des notions dépassées, remplacées par d'autres dimensions symboliques, construites autour des thèmes suivants : sensation, ludisme, vitesse, fête, pas de règle, frissons, oisiveté. Les usagers de la montagne sont-ils fortement demandeurs d'une montagne plus ludique, encore plus aménagée et urbanisée. Quelles opinions ont-ils sur la montagne, dans la manière de la gérer ? Il semble aussi nécessaire d'évaluer les actions qu'ils font en montagne : s'engagent-ils dans la montagne profonde ? Prennent-ils beaucoup de risques ? Font-ils l'amour en montagne ? Sont-ils nombreux à faire un bivouac et à effectuer des compétitions ? L'approche des cultures nécessite, à un moment donné, de pouvoir utiliser un outil d'analyse rigoureux, pour évaluer les différentes composantes constitutives d'une culture. A partir d'une enquête, réalisée auprès des usagers estivaux de la montagne, durant l'été 2001, une lecture des dominantes culturelles autour desquelles se construisent les relations sportives des pratiquants avec la montagne a été effectuée. On peut succinctement présenter les résultats les plus significatifs en limitant notre présentation dans le cadre de cet écrit à l'étude des actions et des images sans aborder les opinions que les gens expriment concernant la gestion de la montagne.

Les actions affectionnées

Le premier constat qui peut paraître surprenant est le suivant : la pratique néo-moderne *soft* (entre 65 et 85 %) est dominante et partagée par la majorité des usagers. Les dimensions les plus fortes qui ressortent sont les suivantes : contemplation, respiration, culture patrimoniale et culture énergétique, ascensionnelle et hédo-montagnarde.

Libellés	Jamais Une fois	Quelques fois, souvent, très souvent	Non-réponse
Partir à la journée et faire un beau parcours (kayak, grandes voies bien équipées, canyoning, randonnée…)	17 %	79 %	4 %
Partir en montagne pour contempler les paysages et observer la faune et la flore	12 %	86 %	2 %
Visiter le patrimoine culturel de la montagne	31 %	64 %	5 %
Partir en montagne pour prendre le temps de respirer et de se reposer	17 %	80 %	3 %
Aller au bout de l'effort et vous surpassez pour atteindre votre objectif	31 %	64 %	5 %
Se lever tôt et partir en montagne	17 %	80 %	3 %

Le deuxième niveau de pratiques concerne les activités hédo-sportives (entre 45 et 60 %), c'est-à-dire, celles qui s'inscrivent dans la culture post-moderne : *in* et *aroundoor*, hédonisme, *fun* et dimensions familiales. Les pratiques dans des sites bien aménagés où l'on peut éprouver des sensations, du vertige et des frissons sont valorisées.

Libellés	Jamais Une fois	Quelques fois, souvent, très souvent	Non-réponse
Pratiquer dans des sites bien aménagés	33 %	58 %	9 %
Pratiquer pour éprouver des sensations, du vertige et des frissons	40 %	53 %	7 %
Faire des activités avec des enfants en montagne	42 %	52 %	4 %
Vous adonner à des sports dans une station de montagne (piscine, roller, VTT, volley…)	47 %	48 %	5 %

Le troisième niveau de pratiques concerne les activités néo-modernes *hard* (entre 30 et 45 %) qui renvoient aux dimensions symboliques suivantes : performance, confrontation, épreuve, *outdoor*, engagement, prise de risque. S'exprime ici la vision classique de l'aventure en montagne pour ceux qui acceptent de s'immerger dans les profondeurs de la nature.

Libellés	Jamais Une fois	Quelques fois, souvent, très souvent	Non-réponse
Faire un bivouac dans la nature	50 %	45 %	5 %
Vous immerger plusieurs jours dans un site sauvage et vivre intensément la montagne	56 %	37 %	7 %
Pratiquer dans des lieux peu aménagés et éloignés de tout secours	55 %	39 %	6 %
Vous prendre au jeu de la confrontation (arriver le 1°, ne pas se faire doubler…)	59 %	34 %	7 %
Réaliser un projet d'envergure (grandes courses, randonnées très difficiles, vols imposants en parapente…)	62 %	32 %	7 %
Réaliser une performance (« faire un score », réussir une cotation, « faire un temps »)	58 %	37 %	5 %
Vivre dans la nature comme un trappeur et faire des pratiques de plein air	68 %	24 %	8 %

Enfin, apparaissent en dernier toutes les pratiques fédérales, commerciales et associatives autour des dimensions compétitives, marketing, institutionnelles, structurées et ludiques.

Libellés	Jamais Une fois	Quelques fois, souvent, très souvent	Non-réponse
Réaliser une compétition sportive fédérale	69 %	33 %	8 %
Faire des activités sur un site payant (parcours aventure, parc ludique, accrobranche, saut en élastique, rafting…)	69 %	26 %	5 %
Pratiquer dans le cadre d'une association (CAF, FSGT, club de montagne…)	74 %	19 %	7 %
Réaliser des raids nature	75 %	18 %	7 %
Aller à la limite, dans cet entre-deux entre la vie et la mort	76 %	16 %	8 %
Faire un stage montagne (UCPA, CAF…)	80 %	13 %	7 %
Partir avec une agence de voyage sur les montagnes du monde (Allibert, Terre d'aventure…)	90 %	3 %	7 %

L'étude des usagers de la montagne qui s'adonnent à des pratiques sportives, d'une manière intense ou faible, révèle un positionnement bien identifiable autour des actions affectionnées. La pratique classique, « relookée », reste fortement présente tout en sachant que plus de la moitié d'entre-deux sont largement consommateurs de pratiques hédo-sportives. La montagne pratiquée en autonomie, sous une forme douce et hédoniste domine, bien éloignée d'une pratique hard ou structurée par les acteurs institutionnels et commerciaux. Pour éviter certaines confusions, les tendances dégagées précédemment ne sont pas en décalage avec l'observation qui se dégage de cette enquête. Les processus et les principes présentent les changements de forme concernant les cultures sportives par rapport à cette approche qui évalue les styles de pratique. Il faut dès lors être prudent dans les observations hâtives que certains effectuent sur les caractéristiques de la montagne d'aujourd'hui et de demain. Les tendances d'évolution (processus et principes) évoquent une nouvelle façon de gérer les pratiques et leur développement, mais elles ne permettent pas d'évaluer les sédiments culturels de la pratique d'aujourd'hui. Elles expriment des pistes d'évolution sur la manière dont se construisent les relations avec la montagne. Par contre, c'est par ce type d'enquête quantitative que la connaissance des traits culturels peut être réalisée.

Les images évoquées

Derrière les actions réalisées se cachent des dimensions symboliques qui permettent de donner une signification aux relations contractées avec l'espace montagnard. Ainsi, à partir d'une approche sémiométrique, il s'agissait d'interroger les pratiquants sur les mots qui les attirent et les repoussent pour caractériser leurs pratiques. Des dimensions étaient testées pour saisir celles qui apparaissent comme étant les plus significatives aujourd'hui. Entre les dimensions énergétique, écologique, spirituelle, ludique, patrimoniale, hygiénique, hédoniste, différentes visions de la montagne et des pratiques sont envisageables.

Au vu des résultats de l'enquête, l'étude des images confirme les observations constatées concernant les actions affectionnées, en affichant très clairement **une orientation hédo-écologiste soft**. L'éco-culture constitue une des deux dimensions symboliques les plus fortes aujourd'hui autour de ce noyau sémantique qui s'exprime entre 60 et 80 % par les usagers : atmosphère, contemplation, liberté, respect, respiration, sauvage, humilité, convivialité, partage, santé. La deuxième dimension est hédoniste et s'exprime autour de ces mots (entre 60 et 80 %) par les pratiquants : détente, plaisir et sensation.

À un deuxième niveau se structurent les dimensions symboliques modernes autour de ce noyau sémantique (maîtrise, effort, sommet, aventure, sécurité, engagement) exprimées entre 40 et 60 % par les pratiquants. Hédonisme, écologisme et modernisme traduisent les dimensions les plus fortes de la montagne d'aujourd'hui. À l'opposé, les dimensions prométhéennes, religieuses, sportives et free ride hard sont fortement rejetées (entre 2 et 20 %) : **dimension prométhéenne** (affrontement, domination, mort, peur, souffrance, épreuve, extrême, froid, prise de risque, conquête), **free ride** (décalé, vitesse, défi, transgression, sexe, drogue, éclate), **spirituelle** (dieu, spiritualité, élévation, solitude), **sportive** (compétition, performance, progrès).

En recoupant les dimensions symboliques exprimées par les actions affectionnées et les images retenues, une vision culturelle dominante ressort autour des aspects écologiste, néo-moderne soft et hédoniste qui prend ses distances avec les aspects sportifs, commerciaux, néo-moderne hard, free ride, ludique et extrême. Si la montagne exprime avant tout les dimensions de liberté et de fuite de la société, c'est justement par l'importance qu'il faut reconnaître aux pratiques réalisées en autonomie, en dehors de toute structure (institutionnelle ou commerciale).

3. Les structures culturelles de la montagne

À partir de la réalisation d'une ACP (analyse en composantes principales), il est possible de montrer la manière dont se structurent les différences entre pratiquants autour des actions affectionnées. Même si la dimension hédo-contemplative est dominante, on observe la présence de deux axes autour desquels se structurent les relations culturelles avec la nature. Les dimensions hédo-contemplative et prométhéenne organisent la distribution des actions et des pratiquants. En allant plus loin, on peut présenter les quatre familles de pratiquant qui se positionnent autour de ces dimensions :

La 1ère forme : Les hédo-montagnards

Les actions de référence : se lever tôt et aller en montagne ; effectuer un beau parcours journée (kayak, grandes voies bien équipées, canyoning, randonnée…) ; dormir en refuge ; partir avec un professionnel de la montagne ; pratiquer sur site aménagé.

Un groupe de pratiquants se reconnaît autour d'actions que l'on peut identifier, par différence avec l'autre axe, comme étant proches d'une conception esthétique et sécuritaire de la montagne. La réalisation d'un parcours à la journée, avec un professionnel, dans des sites aménagés et en partant tôt le matin participe à qualifier les éléments marquants de cette pratique. L'attirance pour la belle promenade en nature et pour la découverte des beautés de la montagne à partir d'une pratique physique qui permet cette rencontre avec un milieu accueillant apparaît comme dominante au sein de cette forme. Les dimensions « sécurité, partage, rencontre, éthique » sont largement présentes dans cet univers.

Cette forme est corrélée à des données sociales qui permettent d'approcher le profil socio-culturel des pratiquants qui gravitent autour de ces activités. Les enseignants, les commerçants et patrons de l'industrie et du commerce sont sur-représentés, tout comme les personnes qui sont séparées ou divorcées. Les randonneurs sont largement présents ainsi que les grimpeurs, les alpinistes et les polyvalents.

La 2ème forme : les jeunes branchés

Les actions de référence : le jeu de la confrontation ; éprouver des sensations ; réaliser une performance ; aller à la limite-mort ; faire des compétitions

La montagne peut être vécue en « hyper » lorsque les actions affectionnées se retrouvent autour du pôle exprimant les dimensions de la confrontation, de la performance, de la vitesse, de la transgression, de la technique et des compétitions fédérales. On se trouve à l'opposé de la première forme lorsque les dimensions énergétiques, violentes, agressives, prométhéennes sont largement présentes.

Cette forme est corrélée à des données sociales qui permettent d'approcher le profil socioculturel des pratiquants qui gravitent autour de ces activités. Elle est largement investie par les jeunes (entre 15 et 24 ans), les étudiants, les hommes, les célibataires qui pratiquent intensément les sports classiques (pratiques urbaines), le VTT, la course à pied, les activités aquatiques ou encore les sports sur structures artificielles. Ce groupe de pratiquants est largement utilisateur d'Internet sur les sports de montagne exprimant la présence d'un nouveau média, largement utilisé dans cet univers culturel. Ajoutons que ces pratiquants en terme d'hébergement sont, plus que les autres, des adeptes du camping et de structures souples (gîtes, camping car, voiture aménagée).

La 3ème forme : Les aventuriers de la montagne

Les actions affectionnées : projet aventure d'envergure ; effort, se surpasser, atteindre un objectif ; pratiquer dans des lieux sauvages ; immersion plusieurs jours dans la nature ; faire un bivouac, aller à la limite-mort ; vivre comme un trappeur

Ces pratiquants, en plus de se situer à l'interface entre les deux autres formes, réalisent un ensemble d'actions exprimant les aspects aventureux et engagés dans les profondeurs de la nature. Ceux-ci partagent tous les types d'action, réalisées par les deux autres groupes de pratiquants, mais ils semblent fortement attirés par une des dimensions fortes des pratiques de nature : l'épreuve. C'est ici que la dimension de l'ailleurs s'exprime le plus, par la volonté de se mettre à distance des pratiques trop « urbaines et aménagées » et de s'immerger dans la nature plus sauvage, moins domestiquée et plus « authentique ».

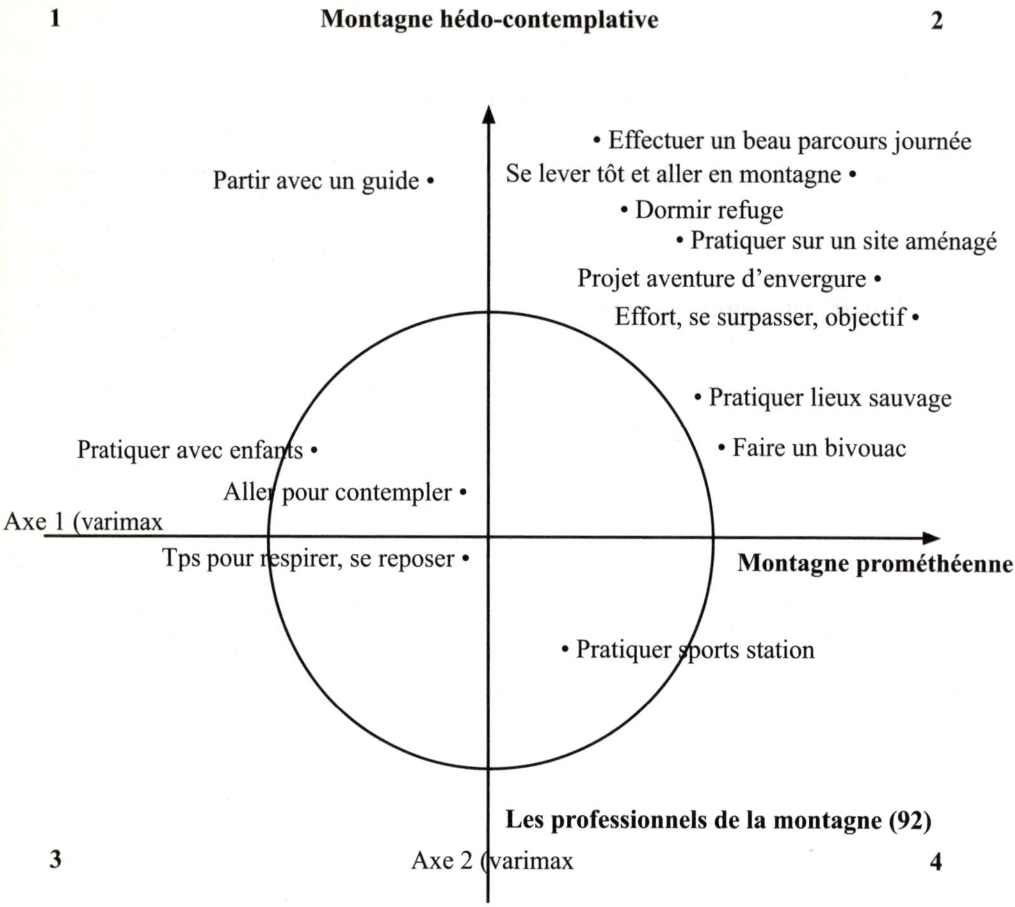
1
Montagne hédo-contemplative
2
• Effectuer un beau parcours journée
Partir avec un guide •
Se lever tôt et aller en montagne •
• Dormir refuge
• Pratiquer sur un site aménagé
Projet aventure d'envergure •
Effort, se surpasser, objectif •
• Pratiquer lieux sauvage
Pratiquer avec enfants •
• Faire un bivouac
Aller pour contempler •
Axe 1 (varimax
Tps pour respirer, se reposer •
Montagne prométhéenne
• Pratiquer sports station
Les professionnels de la montagne (92)
3
Axe 2 (varimax
4

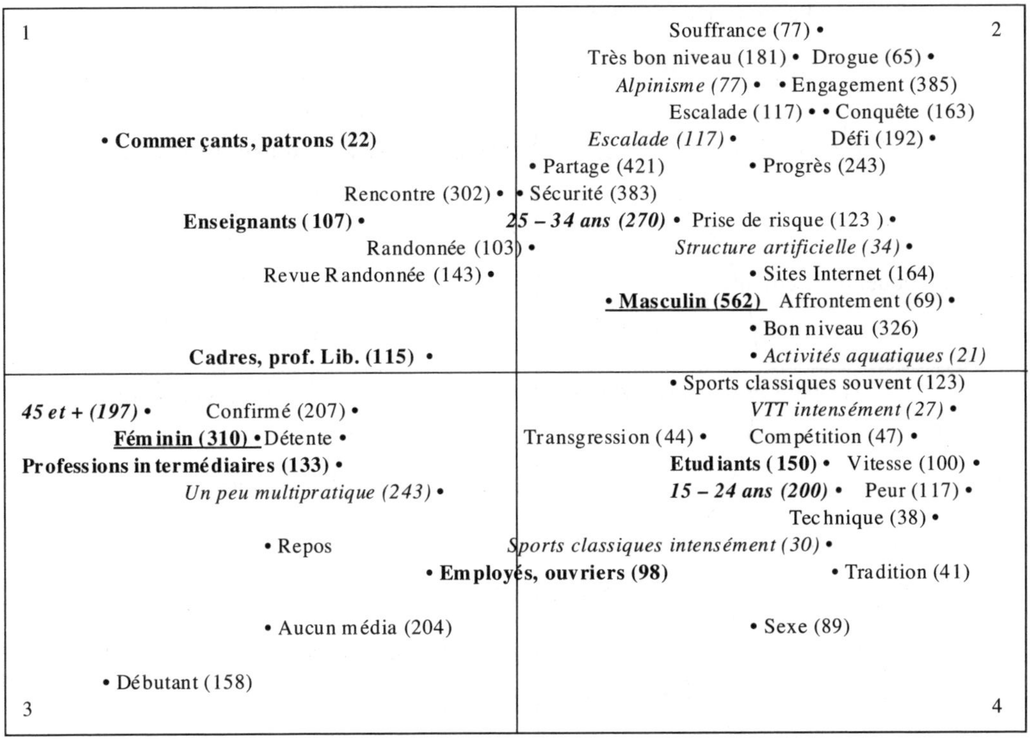
1
Souffrance (77) •
2
Très bon niveau (181) • Drogue (65) •
Alpinisme (77) • • Engagement (385)
Escalade (117) • • Conquête (163)
• Commerçants, patrons (22)
Escalade (117) •
Défi (192) •
• Partage (421)
• Progrès (243)
Rencontre (302) •
• Sécurité (383)
Enseignants (107) •
25 – 34 ans (270) •
Prise de risque (123) •
Randonnée (103) •
Structure artificielle (34) •
Revue Randonnée (143) •
• Sites Internet (164)
• Masculin (562)
Affrontement (69) •
• Bon niveau (326)
Cadres, prof. Lib. (115) •
• Activités aquatiques (21)
• Sports classiques souvent (123)
45 et + (197) •
Confirmé (207) •
VTT intensément (27) •
Féminin (310) •
Détente •
Transgression (44) •
Compétition (47) •
Professions intermédiaires (133) •
Etudiants (150) •
Vitesse (100) •
Un peu multipratique (243) •
15 – 24 ans (200) •
Peur (117) •
Technique (38) •
• Repos
Sports classiques intensément (30) •
• Employés, ouvriers (98)
• Tradition (41)
• Aucun média (204)
• Sexe (89)
• Débutant (158)
3
4

Cette forme est corrélée à des données sociales qui permettent d'approcher le profil socioculturel des pratiquants qui gravitent autour de ces activités. Sans aucun doute, on s'aperçoit de la sur-représentation des professionnels de la montagne qui se retrouvent en nombre dans ces activités ainsi que les pratiquants les plus engagés sportivement. Les aventuriers extrêmes de la montagne affectionnent les actions les plus engagées. Ces pratiquants habitent en priorité la région Rhône-Alpe, sont plus nombreux à avoir « entre 25 et 34 ans » et pratiquent intensément l'alpinisme, l'escalade et la multi pratique.

La 4ème forme : les dilettantes

Les actions affectionnées : ces pratiquants sont plus fortement positionnés que les autres du côté des actions soft : «aller en montagne pour prendre le temps de respirer et de se reposer » ; « partir en montagne pour contempler les paysages et observer la faune et la flore », « pratiquer sport en station »...

Ces usagers sont avant tout les débutants et les non-pratiquants qui connaissent peu la montagne et qui n'ont pas eu l'occasion de venir souvent dans ces régions. Sur un plan vestimentaire, la marque Aigle semble être la plus proche de leurs habitudes d'achat. Ils ne lisent pas de revues spécialisées, ils logent plus que les autres dans des hébergements en location, à l'hôtel et dans des structures collectives. Ils considèrent le temps de la montagne comme un temps de repos et de détente. Sur un plan social, on s'aperçoit que les plus âgés sont sur-représentés, ainsi que les femmes et les personnes ayant deux ou trois enfants au sein d'un couple marié. Bref, ils sont sans pratique majeure. Ils se présentent comme étant à l'opposé de la vision sportive de la montagne sans pour autant être largement investis dans les pratiques culturelles de la montagne. Ajoutons que l'on trouve sur-représentés certains groupes sociaux à l'image des professions intermédiaires et des employés-ouvriers. Comme si, le « carrefour de la moyenne » pour reprendre les notions d'O. Donnat[28] caractérisait bien ces couches moyennes de la société qui se situent en dehors des enjeux culturels des pratiques sportives de la montagne.

[28] *O. Donnat, (1994), Les Français face à la culture.*

À partir de la lecture structuraliste des cultures sportives qui montre la présence d'un espace des styles de pratique (construit par différences), on peut en s'appuyant sur les tris croisés, évoquer la présence de marquages sociaux qui participent à organiser les jeux de position dans la manière de s'engager dans la nature. Ainsi les variables sociales classiques semblent toujours pertinentes en tant que variables actives discriminantes. Les catégories socioprofessionnelles, l'âge, le sexe, l'origine géographique sont des marqueurs culturels moteurs. On peut par exemple montrer les différences culturelles sexuées dans les usages sportifs de la montagne. Il apparaît ainsi que les hommes sont sur-représentés dans le cadran de la culture prométhéenne de la montagne, alors que les femmes se situent en priorité dans le cadran des touristes dans une pratique à dominante hédoniste et contemplative. Une culture masculine de la montagne imprègne ces espaces de pratique que l'on peut qualifier en fonction des éléments culturels de différenciation :

- Les hommes sont sur-représentés dans les actions suivantes : faire une compétition, dormir en refuge, faire un raid nature, aller à la limite, réalisation un projet d'envergure, se prendre au jeu de la confrontation, éprouver des sensations, faire une performance, pratiquer dans des lieux peu aménagés, aller au bout de l'effort.

- Les femmes sont plus présentes que les hommes dans les actions suivantes : pratiquer sur un site payant, partir en nature pour contempler les paysages et observer la faune et la flore, pratiquer avec un professionnel, partir en montagne et prendre le temps de respirer et de se reposer.

- La présence d'une culture commune de la montagne autour des actions suivantes : visite du patrimoine culturel, se lever tôt et partir en montagne, pratiquer sur site aménagé, faire un beau parcours, pratiquer dans le cadre d'une association, faire l'amour en nature, pratiquer dans une station de montagne.

On retrouve les oppositions classiques entre la culture masculine et féminine dans la manière de pratiquer la montagne et de jouer avec les éléments de la nature. Les hommes étant inscrits dans un rapport frontal, agressif, aventurier, incertain avec la montagne, alors que les femmes étant plus largement présentes dans un rapport édulcoré, esthétique et contemplatif. Ajoutons, la présence d'une culture commune masculin/féminin où les deux sexes se retrouvent. C'est dans cet univers que les liens culturels et les sociabilités sexués se construisent autour d'un espace commun d'échange : les pratiques culturelles, sexuelles, associatives dans un cadre aménagé ainsi que des activités où l'on réalise un beau parcours en montagne. Ces lectures statistiques viennent ainsi confirmer les écrits anthropologiques et sociologiques de certains chercheurs[29] concernant le rapport masculin féminin à l'espace de la montagne et aux espaces sportifs de pratique.

Les dimensions imaginaires de la montagne sportive

Derrière les actions réalisées se cachent des dimensions symboliques qui permettent de donner une signification aux relations contractées avec l'espace montagnard. Ainsi, à partir d'une approche sémiométrique, il s'agissait d'interroger les pratiquants sur les mots qui les attirent et les repoussent pour caractériser leurs pratiques. Des dimensions étaient testées pour saisir celles qui apparaissent comme étant les plus significatives aujourd'hui. Entre les dimensions énergétiques, écologiques, spirituelles, ludiques, patrimoniales, hygiéniques, hédonistes, différentes visions de la montagne et des pratiques sont envisageables.

Analyse globale

Au vu des résultats de l'enquête, l'étude des images confirme les observations constatées concernant les actions affectionnées, en affichant très clairement **une orientation hédo-moderne et écologiste soft**.

Les images attirantes

L'éco-culture constitue une des deux dimensions symboliques les plus fortes aujourd'hui autour de ce noyau sémantique qui s'exprime entre 60 et 80 % par les usagers[30] : atmosphère, contemplation, liberté, respect, respiration, sauvage, humilité, convivialité, partage, santé. La

[29] *J.P. Bozonnet, (1992), Des monts et des mythes ; Christian Pociello, (1995), Les cultures sportives.*

[30] *Les réponses au thème (atmosphère, contemplation,...) s'échelonnent de 1 à 10. Pour rendre plus visible les résultats, les variables 1, 2 et 3 ainsi que les variables 8, 9 et 10 ont été regroupées.*

deuxième dimension est hédoniste et s'exprime autour de ces mots (entre 60 et 80 %) par les pratiquants : détente, plaisir et sensation.

• *L'écologisme soft*

Place	Mots	Rgpt 123	Rgpt 8, 9, 10
3	Atmosphère	1	71
7	Contemplation	1	75
28	Liberté	1	74
31	Nature	0	85
8	Convivialité	3	66
41	Respect	2	70
42	Respiration	6	62
43	Sauvage	3	65
38	Santé	4	60
13	Détente	4	66
51	Plaisir	1	79
	Humilité	12	49
33	Partage	7	48

• *Dimension hédoniste*

Place	Mots	Rgpt 123	Rgpt 8, 9, 10
2	Amusement	7	47
11	Défoulement	12	46
45	Sensation	6	60

• *Dimension moderne*

Place	Mots	Rgpt 123	Rgpt 8, 9, 10
4	Aventure	7	52
12	Voyage	9	51
20	Effort	2	57
21	Engagement	10	44
29	Maîtrise	6	50
44	Sécurité	9	44
52	Sommet	7	54

À un troisième niveau se structurent les dimensions symboliques modernes autour de ce noyau sémantique (maîtrise, effort, sommet, aventure, sécurité, engagement) exprimées entre 40 et 60 % par les pratiquants. Hédonisme, écologisme et modernisme traduisent les dimensions les plus fortes de la montagne d'aujourd'hui. On pourrait ajouter une dimension de fraternité (partage, rencontre, convivialité) qui se situe autour de 40 %.

Les images rejetées

À l'opposé, les dimensions prométhéennes, religieuses, sportives et free ride hard sont fortement rejetées (entre 2 et 20 %) : **dimension prométhéenne** (affrontement, domination, mort, peur, souffrance, épreuve, extrême, froid, prise de risque, conquête), **free ride** (décalé, vitesse, défi, transgression, sexe, drogue, éclate), **spirituelle** (dieu, spiritualité, élévation, solitude), **sportive** (compétition, performance, progrès).

Place	Mots	Rgpt 123	Rgpt 8, 9, 10
1	Affrontement	53	6
16	Domination	63	5
22	Epreuve	25	23
24	Extrême	36	23
25	Froid	31	20
30	Mort	58	9
48	Souffrance	49	9
34	Performance	33	20
35	Peur	37	13
36	Prise de risque	35	14
5	Compétition	63	5
6	Conquête	37	19
18	Vitesse	53	12
9	Décalé	36	19
10	Défi	35	22
50	Transgression	65	5
17	Drogue	73	8
46	Sexe	55	11
14	Dieu	66	9

Conclusion

Cette approche des cultures sportives de la montagne, à partir d'une enquête quantitative, permet de relativiser le propos de certaines études[31] qui a tendance à réduire le mouvement culturel de la montagne à ces émergences périphériques. Si le ludisme se présente comme un flux culturel montant, il est loin de constituer le fond culturel de la montagne. Au-delà des stratégies de repositionnement mises en place par certains opérateurs pour toucher de nouvelles clientèles, il ne faudrait pas évincer trop facilement le noyau dur de la culture sportive montagnarde qui continue d'imprégner durablement les usages sportifs de ces espaces. En allant plus loin, il aurait fallu présenter les opinions et les structures de l'opinion sportive en montagne qui participent à la compréhension des jeux politiques autour desquels s'organise la gestion de la montagne.

La montagne se présente ainsi comme un secteur de prédilection pour respirer l'air des hauteurs, s'engager dans des pratiques extrêmes et/ou profiter du spectacle qu'offre la nature. Cependant au-delà des joies que procurent ces pérégrinations alpines, la montagne se présente comme un espace d'enjeux où des luttes symboliques se produisent autour de la définition de la pratique légitime et des conflits émergent lorsqu'il s'agit de discuter des formes de prestations et d'aménagement existants et à venir. Dès lors, cet espace de loisir quitte le domaine du temps libre construit sur la convivialité, la détente et le ressourcement pour celui du politique. Le détour par l'analyse des opinions permet de montrer combien des différences sont présentes entre pratiquants autour de la manière de penser la montagne d'aujourd'hui et de demain. C'est aussi l'occasion de modifier la vision du politique considérant que seule l'acteur éclairé (l'institutionnel, l'expert, le guide, le professionnel de la sécurité…) est capable de décider des bonnes orientations à donner à la montagne. L'introduction de l'opinion publique et des scènes délibératives citoyennes dans la gestion de la montagne permettrait d'impulser de la démocratie dans le processus d'aménagement de ces lieux. Tout un programme qui modifierait bien des habitudes politiques et qui aurait le mérite d'introduire plus de transparence et de participation publique dans les procédures décisionnelles actuelles (Soulé, Corneloup, 2001) !

[31] *AFIT (2000), Carnet de route de la montagne (de l'écoute des clients à l'action marketing).*

Concernant l'approche théorique des cultures sportives, notre étude permet de redonner de l'intérêt aux approches structurelles et structuralistes pour produire de la connaissance, en montrant combien la lecture du social peut se réaliser à partir des variables socioculturelles classiques pour observer les pratiques sportives[32]. Le développement d'observatoires sur les cultures sportives de la montagne semble ainsi totalement justifié pour saisir l'unité et les particularités des territoires et des espaces (Pyrénées, Alpes, Massif Central, territoire du Verdon, des Causses…) et pour aider les multiples opérateurs à mieux prendre en compte les demandes, les attentes et les opinions des publics dans la gestion des sites et des destinations touristiques et de loisirs. Sans doute, la contextualisation des approches en fonction des territoires d'étude devra être réalisée pour compléter cette lecture globale sur la montagne estivale. Des différences, parfois importantes, émergent entre sites de pratique, marquées par des jeux d'acteurs particuliers, une histoire culturelle singulière et une dynamique socioculturelle caractéristique. C'est dans cet aller-retour entre le local et le global que se situe la compréhension la plus fine des cultures sportives de la montagne.

[32] *Jean Corneloup, (2002), Les théories sociologiques de la pratique sportive, PUF.*

Bibliographie

- *AFIT* (2000), ss la direction de Patrice de Monbrison Fouchère
- Ph.Moisset, *Carnet de route de la montagne (de l'écoute des clients à l'action marketing*), Paris, AFIT.
- Ballerini M., *Le roman de montagne en France*, Arthaud, 1973
- Bourdeau Ph., Corneloup J. (2001), *" Métiers sportifs de la montagne et culture professionnelle ",* Montagnes Méditerranéennes, n°13, pp. 105-119.
- Bourdeau Ph., Mao P. (2002), *Les nouveaux espaces des pratiques sportives de montagne et de nature, in Les espaces sportifs innovants* (D. Hillairet et O. Bessy Dir.), Voiron, Presses universitaires du Sport, pp. 83-122.
- Bourin M. et Durand R. (1984), *Vivre au village au Moyen-Age*, Messidor.
- Bozonnet JP. (1992), *Des monts et des mythes*, Collection Montagnes, Grenoble, PUG.
- Cerclet D. (1991), *« L'art religieux de style baroque des vallées de Savoie »*, pp79-106, in *CorpsReligion Société*, Lyon, PUL.
- Corneloup J., (1991) ,*"Escalades et post-modernité",* in Aventure, revue internationale "Sociétés", Dunod, n° 34, pp. 385-395.
- Corneloup J. (1999), *«Les imaginaires en escalade»*, Les cahiers de l'imaginaire, revue internationale, n° 18, pp. 28-37
- Corneloup J. (2002), *Les théorie sociologiques de la pratique sportive*, Paris, PUF.
- Debardieux B. (1992), *« Représentations paysagères et représentations médiales des montagnes calcaires : le touriste, le paysage et les élements »*, art. pp63-78, in *Nature de la santé et Santé de la nature*, direction Guerin JP., cahors, Coll. Ascendances.
- Donnat O. (1994), *Les français face à la culture*, Paris, Ed. La Découverte.
- Hegel GWF-Millon J. (1998), *Journal d'un voyage dans les alpes bernoises*, Aubenas, Orbita.
- Hermann MT. (1990), *La Savoie traditionnelle*, Les Savoisiennes curandera.
- Joutard Ph. (1986), *L'invention du MT Blanc*, Paris, Ed. Gallimard.
- Kalaora B. (1986), *La forêt pacifiée*, L'harmattan, Paris.

- Kalaora B. (1981), *Le musée vert*, Fontainebleau, Anthropos.
- Loret A. (1995), *Génération Glisse*, Paris, Autrement.
- Mercier PM.. (1987), *« La maille et l'interstice »*, art. pp 41-50, in Quadernie n°3, *Images et imaginaire des réseaux*, 1987, U. Paris Dauphine.
- Mizrahi R. (1979), *« Vision de la nature chez les pratiquants de loisirs de montagne »*, rapport Cordes n° 30/75.
- Mizrahi R. (1975), *« Genèse des représentations urbaines de l'espace urbain »*, rapport Cordes n° 30.
- Milliot V. (1986), *Cultures, sensibilités et société dans la France d'Ancien régime*, Paris, Nathan.
- Mons M. (1988), *« L'ordinaire fantastique »*, art. pp. 20-30, in Revue Autrement, *Himalayas,* Hors-série, n°28.
- Pociello C. (1995), *Les cultures sportives*, Paris, PUF.
- Prieur J. (1983), *La Savoie, des origines à l'An Mil*, Ed. Ouest France.
- Ohl F. (1999), *« Les dimensions symboliques de la consommation sportive »*, in Le Marketing du sport, Desbordes, Ohl, Tribou, Paris, Ed. Economica.
- Rifkin J. (2002), *L'âge de l'accès*, Paris, La Découverte.
- Schwart M. (1924), *Vers l'idéal par la montagne*, Grenoble, Ed. J. Rey.
- Secret J. (1943), *L'alpiniste*, Paris, Ed. Delmas.
- Soulé B., Corneloup J. (2000), *" La place du public dans le dispositif de sécurité en station de sports d'hiver ",* revue STAP*S*, décembre 2001, pp. 43-60.

Free-ride, free-style : genèse et développement de pratiques alternatives

Nicolas Mermoud, Société SPARKS, consultant en innovation sportive de nature, Annecy

J'aimerais formuler quelques remarques préliminaires avant de commencer mon exposé. Tout d'abord, comme vous pourrez le constater, cette présentation orale s'appuie sur un certain nombre d'images, ce qui n'est nullement innocent. En effet, l'image régule très fortement la culture *free ride, free style*. De plus, le sujet qu'il m'a été demandé d'aborder aujourd'hui est très vaste. C'est pourquoi, dans le temps qui m'est imparti, je me concentrerai sur trois points principaux : la description de la culture *free ride* et des valeurs qui y sont associées ; la présentation des mécanismes de naissance des cultures dites alternatives de sport (Vous constaterez d'ailleurs que lesdits mécanismes, à l'origine, n'ont que très rarement à voir avec le monde du sport ; on retrouve davantage de similitudes avec les univers de la musique, des jeux vidéos et du cinéma) ; le classement des différentes pratiques alternatives aujourd'hui, en ne me limitant pas au seul cadre de la montagne. Comme vous pourrez l'entendre, j'en ai recensé un peu plus d'une trentaine et force est de constater que la vitesse et le dynamisme de renouvellement de ces pratiques sont très supérieurs à ce que l'on a pu observer dans les pratiques sportives jusqu'au début des années 90.

1. La culture free ride : comment peut-on la définir ?

Avant toute chose, qu'il me soit permis de rendre hommage à tous ceux qui, à un moment ou à un autre, permettent le développement d'une nouvelle pratique sportive. Ils participent – et je ne pense pas que cela soit particulier au *free ride* – à la définition d'un imaginaire, à la concrétisation d'un rêve. Au cœur de ces rêves se trouvent quasi systématiquement des athlètes hors du commun, non seulement au sommet de la performance mais également au sommet de la créativité. Comme nous avons déjà eu l'occasion de le faire ce matin, nous serons amenés à parler à nouveau de la culture du risque – entendu dans le sens sportif du terme et non selon la dernière acception que Jean Corneloup évoquait dans sa présentation – qui fait partie intégrante de la culture des *free riders*. Nous dirons également quelques mots des valeurs et segmentations de ces sports de glisse aujourd'hui.

Afin de désacraliser quelque peu le terme « extrême » que l'on associe souvent à ces nouvelles pratiques sportives, j'aimerais rappeler que dans tout sport, la recherche de la limite est permanente, notamment en terme de performance : le descendeur, le pilote de Formule 1 tâcheront toujours d'aller à la limite de la performance mais force est de constater que l'adjectif « extrême », dans son acception négative, est fort peu souvent associé à ce type de sport. Ces sports sont en effet pratiqués par des acteurs professionnels, ils ne comptent aucun « casse-cou » inconscient recherchant les limites d'un terrain de jeu ou d'un environnement. Cet extrême-là – celui sur lequel nous nous concentrerons – ne se résume pas à la recherche du danger, bien qu'elle en fasse parfois partie.

On peut, plus généralement, parler de recherche gestuelle dans un environnement donné, avec la volonté de faire monter l'adrénaline. J'attire d'ailleurs votre attention sur le fait qu'une pratique décrite totalement extrême à un instant T – comme le ski hors piste, par exemple – peut être assez rapidement démocratisée, sécurisée et proposée à une frange beaucoup plus importante de la population des sportifs. Cette démocratisation est fortement sous-tendue par un certain nombre d'institutions et d'acteurs économiques qui aujourd'hui contribuent à la naissance de nouvelles pratiques sportives, comme le *free ride* ou la glisse. Citons ainsi les industriels, c'est-à-dire les fabricants de matériel, de vêtements et d'accessoires qui proposent toutes sortes d'éléments utiles à la pratique de ces nouveaux sports, ou les acteurs véhiculant un certain style de vie, comme les organisateurs sportifs, les médias ou les organismes de formation. Ainsi, depuis quelques années, dans les modules de formation de l'ENSA, il existe des chapitres entiers consacrés aux nouvelles glisses et à la segmentation des sports d'hiver ou d'été. Mais n'oublions pas les stations qui, par l'organisation de l'espace, la création d'actions très innovantes contribuent à cette démocratisation, et les institutionnels qui, en permanence, travaillent sur le grand dossier de la sécurité et édictent de nouvelles normes, en arbitrant toujours entre les principes de liberté et de responsabilisation des pratiquants de montagne.

La culture transversale *free ride*, à ce jour, constitue un style de vie dominant chez les jeunes de moins de vingt cinq ans. J'en veux pour preuve la mode des *skate-boards* ou des baskets dites brunes auprès des populations urbaines et auprès des lycéens et des étudiants. Il s'agit d'un centre d'intérêt désormais aussi important pour ces populations que le *football* ou la musique. Bien évidemment, il existe des différences selon les pays. Ainsi, ce style de vie apparaît plus amplement développé aux Etats-Unis chez les moins de vingt ans. C'est également un élément déterminant pour les jeunes adultes et les moins de quarante ans en quête de sensations, de liberté et d'évasion face à un environnement professionnel extrêmement stressant. Enfin, le *free ride* induit une activité économique au niveau mondial, même si les chiffres précédemment cités par Jean Corneloup font état d'un mouvement minoritaire, d'autant qu'il s'adresse principalement aux jeunes adeptes des montagnes. Or, nombre d'entre eux ne viennent pas en montagne car ils n'y retrouvent pas les valeurs auxquelles ils sont attachés. En tout état de cause, l'activité économique induite par le *free ride* est estimée à plusieurs milliards d'euros ; elle est supportée, entre autres, par des chaînes de télévision organisatrices d'évenements comme ISBN, des marques très puissantes comme Quicksilver, Salomon ou Burton en *snowboard* ou des sites qui ont basé une grande partie de leur marketing sur ces sports de glisse. Je pense en particulier à la station de Chamonix pour le *snowboard* ou à Hawaï ou à Biarritz pour le *surf*.

Le premier élément intégralement transversal qui définit cette culture est celui du style de vie, défini par des attitudes et des sensations. Se constitue ainsi une sorte de « carré magique » entre l'action sportive, la musique, la mode (le *look*) et la dimension tribale. Cette transversalité est à la fois temporaire – on n'est plus spécialiste de ski ou de *snowboard*, on est *free rider* à l'année, on est *free rider* aux quatre coins du monde – et culturelle au sens où il existe de plus en plus de *cross over* entre cette culture dans les sports réels et ceux des jeux virtuels (jeux vidéos, création multimédia, art, musique, etc.). Je me propose de vous présenter un film de trois minutes environ, qui me semble bien illustrer les valeurs de cette culture. *Le film est projeté à l'assistance.*

2. Mécanismes de naissance des pratiques alternatives

Comme vous pourrez le constater on observe, s'agissant des mécanismes de naissance des pratiques alternatives, de nombreuses similitudes quelle que soit la pratique considérée. A l'origine de ces formes alternatives, on trouve des pratiques traditionnelles, avec une forte dimension athlétique faisant appel aux notions de performance et de compétition. Ces pratiques traditionnelles sont également en rapport avec les champs de l'aventure, de la découverte, de l'exploration de nouveaux espaces, de nouveaux lieux. Enfin, il convient d'évoquer les pratiques *free* lesquelles font appel à deux dimensions très importantes :

- le *free ride*, basé sur la recherche de grands espaces, l'improvisation gestuelle, le contact avec les éléments naturels et la vitesse,
- le *free style*, à l'origine plus urbaine, faisant appel à la créativité, induisant des phases de vol et où la dimension ludique est plus forte.

Dans certains sports traditionnels, comme le ski, la notion de déplacement amène les acteurs à se mesurer les uns aux autres. Il en découle une notion de performance qui elle-même suppose l'exploration de nouveaux terrains de pratique pour conquérir des espaces inédits. Peu à peu, on arrive à une véritable révolution (new *school)* orientée vers des phases d'accélération, de fluidité, de rythme et de recherche gestuelle. À titre d'exemple, citons l'alpinisme et la forte réduction des temps d'ascension. La dernière étape est celle du *free style* qui consiste, d'une certaine manière, en le mixage des principes de base d'un sport avec d'autres éléments. Il va de soi que ce schéma fonctionne en boucle. En effet, dès que les experts sont parvenus à une certaine maîtrise, ils entrent à nouveau dans une logique de compétition, de recherche de la performance, d'institutionnalisation etc. Je pense, en particulier, au *snowboard* tel qu'il est pratiqué aujourd'hui. Cet exemple illustre, à mon sens, le fait que les pratiques alternatives ne remplacent jamais totalement les pratiques traditionnelles.

Les valeurs de ces pratiques *free* peuvent se résumer en quelques items principaux :

- **La recherche de la sensation et du plaisir, tant dans la pratique que dans l'imaginaire**

  Cette dimension implique des notions de performance, de technique et de puissance, mais elles apparaissent toujours en second plan.

- **La rupture avec les équilibres établis**

  Les pratiques *free* ont toutes pour ambition manifeste de casser les grands équilibres qu'ils soient sociaux – on parle d'ailleurs d'anti-culture ou de contre-culture s'agissant de la glisse –, ou dynamiques – la rupture consistant alors à changer d'élément, d'engin, de vitesse, etc. Bien évidemment, la prise de risque participe de cette perturbation recherchée des équilibres.

- **La recherche de la fluidité**

  Dans les pratiques *free*, tout geste doit apparaître extrêmement précis quelle que que soit la difficulté technique. On parle alors davantage de sens que de muscles, de talent que d'entraînement et on privilégie la pureté du mouvement au résultat obtenu. A ce titre, un certain nombre d'éléments des pratiques *free ride* et *free style* s'approchent peu ou prou de la danse.

- **La défense de l'environnement**

  L'apparition de cette valeur dans les cultures *free* est relativement récente. Elle est particulièrement prégnante dans les sports alpins et aquatiques. Ainsi certaines marques, comme Quicksilver ont créé des fondations écologiques. En effet, n'oublions pas que les pratiquants les plus extrêmes sont souvent des professionnels et ceux-ci ont parfaitement conscience que l'image qu'ils véhiculent ne manquera pas d'influencer un certain nombre de jeunes. C'est pourquoi, ils sont très attachés à cette problématique de respect, à laquelle ils adjoignent celle de la sécurité.

- **La dimension ludique**

  Les pratiques *free* font généralement toutes appel à la notion de jeu, notamment avec les éléments. Ainsi, certains ont expérimenté le ski sur du sable, le *skate-board* aérien, etc. De plus, les *free riders* se font tous fort d'inventer leur propre chorégraphie.

La naissance d'une pratique *new school* suppose la succession d'un certain nombre de facteurs : un groupe d'athlètes talentueux mais un peu rebelles et une attente de sensations nouvelles de la part du grand public. Et entre ces deux extrêmes peut se positionner une nouvelle pratique qui fera davantage appel à l'imaginaire, pour les uns, et donnera de nouveaux moyens d'expression aux autres. Par ailleurs, les premiers éléments de matérialisation d'une culture *free ride* sont presque toujours les évènements et les vidéos. Ainsi, à l'initiative de quelques pionniers, on assiste à une mise en scène à travers des vidéos ou des compétitions qui s'apparentent davantage à des rassemblements. Ensuite, les fabricants de vêtements et les médias permettent le véritable développement de l'activité. On voit, à ce stade du processus, apparaître de nouvelles gammes de produits et ce mouvement s'accompagne très souvent de la parution de magazines de presse spécialisés. Bien entendu, en parallèle du développement de la pratique, il est fondamental de développer l'image de ladite pratique. C'est à ce niveau que les accessoires (chaussures, vêtements, lunettes, etc.) jouent un rôle très important. En effet, en affichant son style, le *free rider* entend revendiquer son appartenance à cette culture. Ainsi que je l'ai déjà expliqué, lors des phases dites de démocratisation, les terrains d'exercice de la pratique se doivent d'évoluer. Cette nouvelle étape du processus fait donc appel aux notions de voyage, de déplacement, de rassemblements de masses, au travers notamment de compétitions grand public. A titre d'exemple, citons le ski *new school*, vieux de seulement six ans. En ce laps de temps réduit, la pratique a poursuivi son développement au fur et à mesure de la succession de maillons de la chaîne que je vous ai présentée.

3. Classification

J'en viens au dernier point de mon exposé. Dans le cadre de celui-ci, j'aimerais vous présenter une typologie des pratiques alternatives. Je me suis ainsi efforcé de segmenter chacun des sports et des univers considérés selon trois axes :

- la notion de *free ride / free style* ;
- la notion d'environnement (*outdoor* hiver, *outdoor* été, océan) ;
- la finalité des sports (grand public ou élite).

Ainsi que je l'indiquais en introduction au présent exposé, il existe, à ce jour, une trentaine de pratiques alternatives réparties dans plusieurs univers.

a. Les sports aquatiques

Commençons, si vous en êtes d'accord, par les sports pionniers en matière de glisse : les sports aquatiques. Dans ce domaine, le surf apparaît comme la pratique alternative par excellence. Cette pratique se situe davantage dans une logique de *ride* et demeure, somme toute, relativement élitiste. Ensuite, arrive un certain nombre de sports à dominante *free style* comme :

- le *wave board* sur les lacs ;
- le *slim board*, version de surf se pratiquant sur les vagues mourantes en bord de plage ;
- le *wind surf* – j'attire votre attention sur le fait que ce sport, qui avait connu une vague de démocratisation, s'est à nouveau radicalisé depuis une dizaine d'années. Ce faisant, le nombre de ses pratiquants a été diminué par cinq.
- le kayak de mer, pratique totalement *style* mais en aucun cas extrême qui permet en toute sécurité, et après une phase d'apprentissage très courte, de surfer sur les vagues et de vivre de bonnes sensations.

Enfin, la pratique aujourd'hui la plus alternative et la plus forte, en termes d'image, est le *sky surfing*.

b. Les sports outdoor d'été

En la matière, la première pratique *free ride* à se développer et à être reconnue en tant que telle est le *mountain bike*, pratique qui privilégie la descente. Force est d'ailleurs de constater que toutes les pratiques d'*outdoor* d'été accordent une place première à la descente et à la vitesse. À côté du *mountain bike*, nous retrouvons un ensemble de sports relevant de la logique *free style* :

- le VTT plutôt *dirt*, c'est-à-dire avec des sauts à partir des tremplins installés dans les stations ;
- le kayak *free style*, pratique très développée en Amérique du Nord et qui nous arrive en Europe. Cette pratique consiste à

surfer sur les vagues des torrents de montagne en effectuant des figures ;

• le *dry tooling*;

• le parapente acrobatique avec la notion de *flair*, laquelle consiste à raser les montagnes ;

• le *bloc*, le *bouldering* [*l'intervenant illustre, en images, la teneur de ces pratiques*].

Enfin, au titre des pratiques émergentes alternatives, citons celles qui mixent l'*outdoor* et l'air, comme les nouvelles formes de *sky living*, pratiques de chute libre, en *flair*, entre des parois.

c. Les sports outdoor d'hiver

En matière de sports d'hiver, la pratique originelle est incontestablement le *big mountain*, c'est-à-dire le ski hors-piste. Aujourd'hui, de nombreuses pratiques se sont développées autour de ce concept. Elles s'accompagnent de l'émergence d'une nouvelle culture. On voit même fleurir, ci ou là, des *snow skaters*, en particulier au niveau des glaciers. Ces pratiques induisent également de nouvelles formes de compétition telles le *boarder cross* ou le *figure cross*. Aujourd'hui, l'ultime, en matière de sports d'hiver, prend la forme du *free style back country* qui consiste à repérer des tremplins naturels afin de réaliser d'immenses sauts en hors-piste.

d. Les pratiques urbaines new school

J'en termine avec l'univers urbain, celui du *skate-board* notamment. Là encore, nous observons, en parallèle, le développement de nouvelles pratiques. Il me semble important de m'y attarder quelques instants. En effet, cela vous renseigne plus avant sur les pratiques de vos clients tout au long de l'année. Citons donc, s'agissant du *roller*, les pratiques *inline*, lesquelles apparaissent relativement grand public puisqu'elles prennent la forme de grands rassemblements. N'oublions pas non plus les pratiques plus agressives auxquelles on peut assister dans certaines compétitions ou le vélo BMX, pratiqué dans des parcs et ou les participants effectuent moult figures. Au titre de ces pratiques alternatives urbaines, mentionnons également le vélo *free ride*, qui tend à se développer et qui dans certaines villes donne lieu à des compétitions ou les yamakazis.

Aujourd'hui, la pratique la plus alternative en milieu urbain est incontestablement le motocross *free style* lequel se traduit par la réalisation, sur des tremplins, de figures plus incroyables les unes que les autres.

Comme vous pouvez le constater, ces pratiques alternatives apparaissent donc de plus en plus segmentées et rassemblent de plus en plus d'acteurs. Rappelons également que la notion de compétition ne disparaît jamais de ces pratiques sportives nouvelles. Toutes, quoi qu'il en soit, elles poursuivent un but ultime : voler – et si le modérateur m'accorde deux petites minutes supplémentaires, je me ferai un plaisir de vous montrer des images tournées en Suisse, l'an passé. Ce faisant, les acteurs aspirent à un sentiment de liberté totale grâce à la maîtrise d'un environnement *a priori* le moins maîtrisable qui soit, celui de l'air.

3. Quel avenir pour les nouvelles pratiques sportives et touristiques en montagne ?

Liberté *versus* sécurité ?

Débat animé par Philippe Descamps, rédacteur en chef de Montagnes Magazine
Avec la participation de **Brice Lefèvre** (sociologue INSEP, spécialiste accidentologie), **Norbert Apicella** (créateur du concept Free Respect), **Luc Jourjon,** (DTN Club alpin français), **Alexis Mallon** (professeur à l'ENSA), **Paul Keller** (Observatoire des Pratiques de la Montagne et de l'Alpinisme), **Jean-Luc Fabre**, (Sous-Préfet de Haute Corse, alpiniste, guide de haute montagne), **Jean-Louis Verdier**, (Maire adjoint de Chamonix, délégué Montagne et sécurité, guide de haute montagne.)

Pistes de discussion proposées : la normalisation des espaces de pratique est dans l'air du temps. Sans cesse, on cherche à améliorer le dispositif sécuritaire, à mieux informer le pratiquant sur les conditions de pratique, à développer des prestations sur-mesure ou à aménager de plus en plus les sites en montagne. Cette sécurisation se fait-elle au détriment de la liberté d'action des usagers ? Quelle place faut-il donner à la prise de risque et aux engagements hors norme ? On peut aussi s'interroger sur la qualité des actions sécuritaires : ont-elles une limite et sont-elles efficaces ? Ne peut-on pas montrer la présence de contre effets à cette normalisation ?

Philippe DESCAMPS

Le titre de cette table ronde ressemble à un slogan des années 1970. Ces deux termes peuvent cristalliser tous les phantasmes, les craintes et les inquiétudes que l'on peut avoir quand on pratique les sports de montagne.

Que peut-on dire de la sécurité, du point de vue statistique notamment ?

Brice LEFEVRE

Je prends la parole du point de vue de l'Observatoire National de la Sécurité en Montagne. L'Etat a voulu savoir ce qui se passait en montagne, le nombre de personnes décédées par an. A la suite de cette enquête, un système a été mis en place qui vise, du point de vue démographique, à mesurer l'activité des secours spécialisés. Dans les départements de montagne, nous nous attachons à déterminer le nombre de personnes blessées et décédées ou indemnes, que ce soit dans les pratiques de montagne d'été ou d'hiver.

L'objectif principal de ces enquêtes est d'analyser l'évolution de ces résultats plutôt que la mesure du nombre total de personnes décédées en montagne. Ainsi, nous ne tenons pas compte des personnes décédées à l'hôpital. Il faut se contenter de ces chiffres à l'heure actuelle. Ces chiffres sont cependant d'une pertinence intéressante.

Philippe DESCAMPS

Que peut-on retenir de ces chiffres, par exemple, pour les dernières saisons estivales ?

Brice LEFEVRE

Il convient de noter que, d'une année sur l'autre, ces chiffres sont relativement stables, avec une centaine de morts dans les pratiques de montagne d'été dans la totalité des départements de montagne chaque année. La moitié de ces décès concerne les pratiques de randonnée. Pour plus de détails, je vous renvoie aux chiffres publiés par le SNOSM.

L'Etat s'intéresse à ce problème. Il s'agit d'un sujet de préoccupation important d'autant que le nombre annuel de décès liés aux pratiques de montagne est relativement proche du nombre annuel de décès liés aux accidents de travail.

Philippe DESCAMPS

De quels éléments de comparaison dispose-t-on ?

Brice LEFEVRE

Nous disposons de très peu d'éléments de comparaison : les définitions, les moyens et les outils ne sont pas les mêmes. Il est donc extrêmement difficile de comparer ces éléments, ce qui demanderait des études approfondies, qui n'ont pas encore abouti à l'heure actuelle.

Philippe DESCAMPS

Qu'est-ce que la liberté pour le montagnard ? Pourquoi le pratiquant des activités de haute montagne est-il particulièrement attaché à la notion de liberté ?

Paul KELLER

Après ce qui vient d'être dit, je souhaiterais préciser qu'il ne faut pas abandonner les problèmes de sécurité en montagne aux pouvoirs publics, à l'Etat, aux pouvoirs économiques et politiques, sans quoi ils risquent d'en fait un « monstre », dont nous serions prisonniers. Ce problème concerne au premier chef les praticiens de la montagne, les praticiens de la pleine nature. Ces derniers ne doivent pas se laisser déposséder de leurs prérogatives d'intervention et de droit de parole dans les décisions prises dans ce domaine. Les alpinistes, entre autres, ne veulent pas que leur liberté ne soit entravée par les questions de sécurité. La liberté de l'alpiniste ne signifie pas qu'il faille faire n'importe quoi. C'est ce qui se passe lorsqu'il exerce de façon responsable la décision d'affronter ou non tel ou tel risque et, en tout cas, de gérer les risques. La montagne est un lieu d'apprentissage, une école. Lorsque le Ministre de l'Intérieur affirme que « sans sécurité, il n'y a pas de liberté », il laisse croire que l'intervention de l'Etat dans les problèmes de sécurité produit, enfante la liberté. Sans doute l'intervention de l'Etat est-elle nécessaire dans ce domaine. Il ne faut cependant pas sous-estimer ce que sous-entend le propos du Ministre. Lorsque les pouvoirs publics et l'Etat interviennent de manière excessive ou de manière autoritaire dans les problèmes de sécurité ou de gestion du risque, ils risquent de dévaluer la responsabilité des individus et la capacité que nous avons à évoluer dans des zones comportant des risques.

En réalité, la liberté se développe et se définit à partir de l'exercice responsable de la responsabilité. Ce n'est que lorsque nous sommes responsables dans l'exercice de la sécurité que la notion de liberté se définit et se développe. Je crois que, plus jamais, nous ne devons dire que la gestion de la sécurité et de l'insécurité et la gestion des risques ne nous concernent pas, que nous soyons professionnels de la montagne ou amateurs, membres d'associations en tous genres. Nous ne devons pas laisser les pouvoirs publics s'emparer de l'ensemble du problème.

Philippe DESCAMPS

Comment la sécurité s'organise-t-elle au niveau d'un département ou au niveau de l'Etat ?

Jean-Luc FABRE

Le pouvoir de police englobe la sécurité, la santé publique, etc. Ce pouvoir de police est détenu par le maire, qui prend des mesures en cas de risque important. Cependant, si le maire, dans ce domaine, n'est plus sous la coupe du préfet, ce dernier a son mot à dire. En effet, si le maire ne prend pas les mesures nécessaires, le préfet peut mettre celui-ci en demeure de prendre les mesures adéquates et, à défaut, de se substituer à lui. Par ailleurs, lorsqu'une catastrophe éventuelle dépasse les limites territoriales d'une commune, c'est bien le préfet qui doit prendre les rênes et la direction des opérations. C'est dans ce cadre qu'interviennent les pouvoirs publics.

Philippe DESCAMPS

Quelle pression est placée sur les épaules d'un préfet ? Quelle est la culture des décideurs administratifs face à ces questions ?

Jean-Luc FABRE

Je souhaiterais recadrer le débat : l'opposition entre sécurité et liberté ne concerne pas seulement la question du risque en montagne. Il relève, plus généralement, de la question du fonctionnement de la démocratie. Jusqu'où doit aller la liberté ? Jusqu'où peut aller la liberté sans dégénérer dans l'anarchie ? Suivant les options philosophiques et politiques qui sont prises, on insistera parfois sur la sécurité ou sur la liberté. En tout cas, l'une ne peut pas se passer de l'autre. On peut néanmoins se demander où il convient de placer le curseur.

Face à un risque important comme le risque en montagne, il est souvent difficile pour un préfet dans son bureau, ou un sous-préfet, d'évaluer précisément ce qui se passe. En effet, le préfet se fait assister de différents conseillers, avec un représentant des pompiers, de la gendarmerie, le directeur départemental de l'équipement, le SMUR, le SAMU. Le préfet interroge les uns et les autres. Il est difficile de savoir précisément ce qui se passe. En effet, chaque service développe un peu sa propre vision de l'événement et sa vision de la manière dont il convient de traiter l'événement. Ainsi, face aux informations contradictoires qui peuvent circuler, la seule manière pour le préfet ou le sous-préfet de savoir véritablement quelle est l'ampleur du sinistre ou du risque et quel type de mesure il convient de prendre est de se porter sur le terrain, par exemple, en cas de catastrophe ferroviaire, de crash d'avion. La difficulté du sport en haute montagne reste que le préfet ou le sous-préfet a rarement la possibilité de se déplacer sur le terrain. Ces derniers sont donc tributaires de toute une « cour » de personnes qualifiées. Cependant, quand ils ne sont pas spécialistes des pratiques de haute montagne, ils peuvent éprouver des difficultés à mesurer l'ampleur du risque et à comprendre la manière dont il convient d'y répondre sur le plan administratif. Les solutions peuvent être très délicates à trouver et à mettre en œuvre. Il se peut que des erreurs se produisent. Des mesures peuvent être même exagérées par rapport aux risques. Certaines mesures peuvent, au contraire, être insuffisantes. Aujourd'hui, plusieurs préfets sont mis en examen parce qu'ils n'ont pas pris des mesures concernant la sécurité. Un préfet aura donc plutôt tendance à prendre le maximum de sécurité pour éviter toute conséquence pénale.

Philippe DESCAMPS

Quel est, par ailleurs, le regard que vous posez sur ces aspects en tant qu'alpiniste ?

Jean-Luc FABRE

Mon regard d'alpiniste est un peu différent. En effet, si l'on sombre trop et si l'on se laisse porter aujourd'hui par l'impératif sécuritaire, on serait amené à presque tout interdire. Or l'alpinisme est un sport « fragile », dans lequel il faut admettre que l'on prenne des risques individuels. Par conséquent, il me semble qu'il faille éviter les interdictions à caractère général et absolu. Ainsi, l'interdiction absolue du ski hors-piste n'est pas souhaitable. Tenter de cerner les problèmes signifie qu'il faut prendre les mesures adéquates sans handicaper l'activité et qui permette de continuer d'exercer l'activité à risques que constitue l'alpinisme. Il faut donc se garder de cette poussée sécuritaire actuelle. La meilleure façon de ne pas prendre des risques est de tout interdire.

Philippe DESCAMPS

Quel est le rôle de l'adjoint au maire dans ce domaine ? Jean-Louis Verdier, comment gérez-vous cette situation au quotidien ? Comment abordez-vous ces questions ?

Jean-Louis VERDIER, Maire adjoint de Chamonix, délégué Montagne et sécurité

Conseiller le maire pour qu'il prenne de bonnes décisions n'est pas aisé. Le pouvoir de police ne peut pas se déléguer et reste de la responsabilité du maire. Il engage complètement sa responsabilité. En effet, la mise en examen ne sera pas subie par la personne à qui a été délégué le pouvoir, mais bien par le maire. De ce fait, il ne peut déléguer cette responsabilité à aucun moment.

Jean-Luc FABRE a bien expliqué l'organisation des secours et la façon de gérer le système sécuritaire dans les départements. A Chamonix, nous partons du principe que la montagne doit rester un espace de liberté. A aucun moment, nous n'accepterons des arrêtés interdisant le ski hors-piste. Par conséquent, nous prenons nos responsabilités, en assumant notamment les devoirs liés à ces responsabilités. Nous avons tout d'abord un devoir d'information et de prévention. Ainsi, nous avons mis en place une commission sécurité qui prend des décisions en fonction des conditions météorologiques. Il est vrai que chacun dans son bureau n'est pas nécessairement à même de prendre les décisions qui conviennent. Les décisions prises par cette commission le sont avec un grand sens des responsabilités.

Philippe DESCAMPS

Qu'avez-vous décidé de faire précisément en matière de sécurité ?

Jean-Louis VERDIER

Il faut distinguer deux situations : la moyenne montagne ou la haute montagne.

En moyenne montagne, il faut tout faire pour sécuriser le secteur, que ce soient les parois d'escalade, les sentiers de moyenne montagne. Pour cela, nous avons mis en place des commissions qui permettent d'assurer que cette zone soit la plus sécurisée possible.

Par ailleurs, nous souhaitons que la haute montagne reste un espace de liberté. De ce fait, nous appliquons le principe de l'information et de la prévention. Nous n'interdisons rien. Nous avons connu un très grave problème au Montenvers cet été. Une jeune femme s'est fait écraser par un rocher d'escalade. Il en a résulté que nous avons réalisé une information sur ce secteur en indiquant que les moraines sont dangereuses compte tenu de la baisse des glaciers et qu'il ne faut s'y rendre qu'en prenant de grandes précautions.

Daniel TAUPIN

Monsieur l'adjoint au maire de Chamonix, vous avez parlé de sécuriser les sites d'escalade. Cela signifie-t-il qu'il faille placer des ancrages ou sécuriser la zone contre les chutes de pierres ?

Jean-Louis VERDIER

Nous devons traiter ces deux problèmes : les chutes de pierre et l'équipement des secteurs de moyenne montagne. Nous sécurisons toute la moyenne montagne.

Daniel TAUPIN

Certains maires ont été condamnés pour n'avoir pas informé le public des éventuels dangers. Cependant, si un sentier est avéré dangereux, est-il normal que le maire ou le préfet interdise le passage de ce sentier ? N'est-il pas préférable qu'il informe les gens et laisse ces derniers prendre une décision pour eux-mêmes.

Jean-Luc FABRE

Sur le secteur de moyenne montagne, on modifie l'itinéraire, mais on n'interdit pas le sentier. Nous avons connu des problèmes d'éboulement avec des accidents très graves en haute montagne. Dans ces cas, nous réalisons une information, depuis le départ jusqu'à l'arrivée sur ces zones dangereuses.

Daniel TAUPIN

Vous êtes un alpiniste et une personne de la haute montagne. Le problème des zones dangereuses est posé par les maires qui habitent en basse montagne, voire en plaine, qui ne sont pas au courant de ces données et qui ont le réflexe d'interdire au moindre sentier glissant.

Philippe DESCAMPS

Comment Chamonix a-t-il mis en place cette philosophie ? Comment la partagez-vous avec éventuellement d'autres communes, qui peuvent avoir d'autres expériences ?

Jean-Louis VERDIER

La notion de liberté fait tout simplement partie de la culture chamoniarde et de la culture des alpinistes. Nous n'avons rien inventé.

Quant à savoir comment nous la partageons avec les autres communes, il faut savoir que nous sommes dans une zone particulièrement difficile, avec l'ascension du Mont-Blanc, notamment, qui induit des risques liés à la sur-fréquentation. Dans ce domaine, nous avons mis en place des mesures en collaboration avec la commune de Saint Gervais. Nous avons travaillé sur un fascicule portant sur l'idée que l'ascension du Mont-Blanc est affaire d'alpiniste. Nous donnons de l'information et nous travaillons avec d'autres communes pour relayer ces informations. Cette collaboration entre Saint Gervais et Chamonix n'était pas acquise dès le début. Cependant, nous avons réussi à travailler ensemble. Nous envisageons de collaborer également avec Courmayeur pour produire un fascicule en italien et en allemand. Nous pensons que nous devons aller au-delà et travailler avec d'autres stations. Il est important de tenir un même discours partout, quel que soit l'endroit où l'on skie.

Philippe DESCAMPS

Luc Jourjon, quelle est votre approche de la sécurité ?

Luc JOURJON

Personnellement, je crois qu'une vie sans risque n'est pas intéressante. Pour ma part, j'ai toujours été intéressé par la formation et par les jeunes. Une formation est nécessaire. Elle permet d'envisager d'emmener des jeunes dans des endroits dangereux en assurant toutefois une sécurité suffisante. Ce qu'ils apprennent dans ces formations leur permet de juger du niveau de risque qu'ils prennent. Le risque est une notion subjective. Pour les gens de la montagne, pour les alpinistes, prendre un risque signifie prendre des risques bien au-delà de ce que la moyenne des gens juge être un risque.

Aujourd'hui, comme hier et demain, nous sommes dans une société. Nous avons parlé de l'Etat, dont j'ai une expérience à travers les travaux de la commission information sécurité à laquelle je participe. Je trouve que l'Etat adopte une position très sage d'information et de conseil et non pas de restriction. Certaines personnes qui participent à cette commission connaissent le milieu ; d'autres le connaissent moins. Nous n'en sommes plus à une époque de répression « sanglante ». Aujourd'hui, la notion de risque est perçue différemment.

Le débat que nous devons engager est de savoir si nous pouvons ou non prendre le risque de se tuer en montagne. Nous avons l'impression parfois d'être parmi les derniers à avoir une sorte d'éthique de samouraïs. N'avez-vous pas l'impression que nous sommes les derniers représentants de certaines valeurs ? Pensez-vous que l'on peut continuer de dire aujourd'hui que la prise de risque est une bonne chose ? La société n'a-t-elle pas besoin de personnes comme nous ? L'entreprise n'a-t-elle pas besoin des valeurs de prise de risque que nous défendons ?

Philippe DESCAMPS

Avez-vous l'impression que les mentalités ont changé ?

Luc JOURJON

Il y a quelques années, les jeunes appréciaient la haute montagne, les courses longues et faisaient preuve d'engagement.

Au fil des ans, on s'aperçoit que ce type de personnes se fait plus rare. Les personnes abordent aujourd'hui les problèmes d'une manière différente. Il est difficile, par exemple, de les amener à faire des courses en hiver avec des bivouacs. En revanche, les personnes sont plus conscientes des risques objectifs. Ce que l'on considérait auparavant comme une affaire de chance ou de malchance est aujourd'hui de plus en plus encadré par la notion de risque objectif, ce qui est sans doute salutaire, mais ce qui a des implications sur le haut niveau en alpinisme et qui fait que l'alpinisme français n'est plus au niveau auquel il avait été à une certaine période. En effet, il faut constater une relative désaffection pour l'alpinisme de haut niveau.

Philippe DESCAMPS

Comment apprend-on en 2002 à des futurs professionnels à gérer la sécurité ? Comment la question de la liberté est-elle traitée en montagne ?

Alexis MALLON

Pour ce qui est de la sécurité en montagne, nous apprenons à nos stagiaires à évoluer eux-mêmes en toute sécurité, puis à accompagner des gens avec le maximum de sécurité. Il faut garder à l'esprit que le simple fait de mettre le pied en montagne implique nécessairement une première prise de risque. Faire de la montagne, c'est déjà prendre un risque. Nous insistons sur deux points : d'une part, la responsabilisation des futurs professionnels et, d'autre part, la responsabilisation des futurs clients.

Il faut distinguer les différents groupes, le CAF, le FFME... Les fins ne sont pas les mêmes, qu'il s'agisse des performances visées ou de l'esprit. L'ENSA apprend à devenir responsable dans l'optique d'accompagner des gens en montagne.

Philippe DESCAMPS

Il y a quelques années, on a vu que le syndicat est « monté au créneau », inquiet qu'il était de cette normalisation des pratiques, avec des poursuites judiciaires et pénales. Cette question continue-t-elle de se poser ? Les personnes en formation se rendent-elles compte de ces aspects ?

Alexis MALLON

En formation, les jeunes ne sont pas nécessairement conscients des suites judiciaires dont ils pourraient être l'objet. De plus en plus d'affaires sont jugées au civil ou au pénal, ce qui me semble traduire une déresponsabilisation du grand public qui prend la montagne, parfois, un peu trop à la légère. On ne va pas au Mont-Blanc comme on va faire ses courses au supermarché. Ce n'est pas la même chose ; ce n'est pas le même état d'esprit ; cela ne nécessite pas le même pré-requis. En tant que professionnels, nous devons nous efforcer d'alerter les gens sur la non-gratuité de l'acte de faire de la montagne.

Philippe DESCAMPS

Il y a dix ans, tenait-on le même discours ? Y a-t-il eu une évolution ?

Alexis MALLON

Il y a dix ans, on tenait le même discours, à cela près que les procès sont aujourd'hui plus médiatisés et plus fréquents, dont les conséquences ne sont cependant pas plus importantes aujourd'hui qu'auparavant. En tout cas, le discours était le même.

De la salle

Je souhaiterais poser une question sur la cohérence de la politique de sécurité. Nous avons l'impression que nous sommes parfois un peu schizophrènes. Je vous rappelle qu'il y a trois ou quatre ans, par l'action conjuguée de la commune de Saint Gervais et, peut-être, des guides, on a sécurisé l'Arête du Goûter. Autrement dit, on met les gens dans un train, puis sur un chemin, puis sur une échelle. On les amène à 3 800 mètres et on leur dit alors que cette montée est affaire d'alpinisme. On a supprimé des étapes : la sélection, l'aguerrissement et la prise de conscience du problème. Il faut rappeler qu'il y a 70 % d'échec au Mont-Blanc. Le fascicule proposé est-il suffisant ? Est-ce bien cohérent ? Il faudrait anticiper et mettre en œuvre une politique cohérente.

Jean Louis VERDIER

Il faut anticiper. On ne peut pas ne pas tenir compte du passé. On a mis en place des équipements incohérents par le passé. Ces équipements existent. Après l'accident que l'on a eu sur la Mer de Glace, nous nous sommes demandé si nous devions supprimer les échelles ou les ré-équiper. Ce sont des réflexions que nous avons engagées. Il nous a semblé plus facile de laisser les échelles et de faire de l'information. Ainsi, aujourd'hui, si vous vous rendez à la Mer de Glace, vous pourrez constater que nous avons planté des panneaux indiquant que la Mer de Glace est dangereuse. Le fascicule n'a pas été évident à faire. Il est sorti un peu tard, en raison notamment des difficultés que nous avons connues à la collaboration avec Saint Gervais. Aujourd'hui, nous parvenons à bien travailler ensemble cependant.

Nous souhaiterions que les fascicules soient distribués en amont et que les personnes en disposent avant même de partir de chez elles. En effet, quand ils ont fermé la porte de la maison, il est trop tard : les gens sont déjà partis au Mont-Blanc. Nous voudrions que ce fascicule leur soit remis avant leur départ au Mont-Blanc et qu'ils puissent le consulter. Ainsi, nous demanderons aux gardiens des refuges, à chaque fois qu'une personne réserve pour un refuge, de lui envoyer ce fascicule. Nous devons tenir compte du passé. Nous allons certes doucement, mais nous consentons de réels efforts à la fois dans le domaine de la formation et dans celui de la prévention.

Philippe DESCAMPS

L'équipement peut poser des problèmes.

Jean Louis VERDIER

Effectivement, les équipements existent. Nous nous posons la question de savoir ce que nous devons en faire. Faut-il les maintenir ? Faut-il les démonter ? Des commissions réfléchissent à ces questions. Le problème s'est posé véritablement cet été : nous nous sommes demandés si nous devions conserver ou supprimer les échelles pour accéder à la Mer de Glace.

Il nous semble important, en tout cas, de réaliser une information.

Georges PACQUETET, Président de Haute-Savoie Ski de Fond, maire de St Jorioz.

Je souhaiterais rassurer Paul Keller en affirmant que tout le monde dans cette salle est bien convaincu que la montagne est d'abord l'école de la liberté. Si nous n'en étions pas convaincus, nous ne serions pas là.

Par ailleurs, je rappelle que la fréquentation de la montagne n'est pas exempte des évolutions qui marquent notre société en général. Je souhaiterais donc que l'on puisse intégrer au débat des problèmes importants parce qu'ils sont extrêmement médiatisés. La sécurité en montagne, comme en mer et dans d'autres domaines, constitue le pain béni des médias. Combien de fois avons-nous déploré le rôle des médias qui ont donné à une catastrophe une ampleur que nous aurions préféré qu'ils évitent de donner. Il faudrait parler du principe de précaution, qui est une idée à la mode. Ainsi, tous les maires sont soumis à une pression constante de la part de la population, et cela quel que soit l'horizon politique, en raison de ce principe de précaution. Ce principe est si bien ancré qu'il a fait jurisprudence. Le problème du « curseur » se pose effectivement. Par ailleurs, il faudrait mentionner le pouvoir redoutable des assurances : les assureurs veulent absolument trouver un coupable pour tout accident.

Quand l'Etat arrive avec son lot de règlements abominables et que cela est interprété par d'autres gens, la justice, il nous semble être face à un énorme rouleau compresseur. Comment pouvons-nous lutter ?

Enfin, je souhaiterais insister sur le fait que liberté et responsabilité s'apprennent. Aussi souhaiterais-je que nous nous engagions tous aujourd'hui à mettre en œuvre tous les moyens pédagogiques nécessaires. Informer est certes nécessaire, mais n'est-il pas préférable d'éduquer et de faire en sorte d'apprendre à tous les enfants les notions de liberté et de responsabilité ? Liberté et responsabilité me semblent à la base de l'éducation du citoyen.

Xavier CHARPE, Maire de Saint-Christophe-en-Oisans

Il me paraît important de maintenir la liberté. Nous sommes en effet dans une République citoyenne. Il y a deux conceptions de l'autorité : une conception selon laquelle une personne qui dit juste et fait juste a de l'autorité et une conception « romaine » pour laquelle on a de l'autorité parce que l'on a la fonction.

Sur la commune de Saint-Christophe, nous avons un grand nombre de sentiers, qui sont un moyen merveilleux pour traverser le territoire. Il s'agit de sentiers culturels. Il est possible de creuser les sentiers et d'en faire de véritables boulevards. Cependant, je trouve cela absurde : cela ferait perdre tout le plaisir du sentier et contribuerait à « désapprendre » aux gens ce qu'est la marche en montagne. Il me semble que chacun doive pouvoir exercer sa responsabilité et sa liberté.

Par ailleurs, dans le haut de la station des Deux-Alpes, le règlement a été renforcé. Les responsables de la société réservent l'usage des pistes aux gens munis d'un titre de transport. Il y a des gens qui veulent aller en montagne. Chacun doit pouvoir exercer sa liberté et savoir s'ils y vont ou s'ils n'y vont pas. Chacun doit être libre.

Il existe toutefois des exceptions. Ainsi, nous avons rééquipé le Col des Ecrins. En effet, nous avons ouvert un couloir pour les gens fatigués. Pour le reste, chacun doit prendre ses responsabilités.

On connaît actuellement une série d'accidents sur la Dibona et sur la Meije, qui m'inquiètent. Dans mon esprit, on a tellement équipé la Dibona qu'elle prend des allures de falaise d'escalade, soit par les voies classiques, soit par les voies équipées, soit par superposition. Or, à la Dibona, on voit se multiplier les accidents. En effet, les gens veulent descendre en rappel. Le rappel lâche et l'accident se produit.

L'autre série d'accidents inquiétants concerne la Meije. En principe, ce n'est pas trop difficile. Cependant, de plus en plus de gens commettent des erreurs d'itinéraire et veulent descendre en rappel... En somme, il faut s'interroger sur nos pratiques d'équipement, qui ont une incidence sur l'accidentologie.

Philippe DESCAMPS

L'installation de codes couleurs sur les sentiers doit-elle être considérée comme de la prévention ou de la normalisation ?

Bernard AMY

Il se trouve que ces questions ont fait l'objet de nombreuses discussions au sein de l'Observatoire des pratiques de la montagne et de l'alpinisme. C'est pour cela que nous sommes venus ici aujourd'hui.

Je souhaiterais poser une question à Jean-Louis Verdier à propos du titre du débat « liberté vs sécurité ». Je trouve que la façon même de présenter le débat introduit un biais. Pourquoi oppose-t-on liberté et sécurité ? Je ne sais pas qui a défini le titre. J'aurais préféré que l'on propose le titre « liberté ou sécurité vs liberté et sécurité ». Il me semble que la première condition de la liberté reste la sécurité. La sécurité telle qu'elle est conçue aujourd'hui est de plus en plus liberticide et conduit à des accidents. Après avoir entendu Jean-Louis Verdier sur la mise en œuvre de ce concept de sécurité à Chamonix, je me demande pourquoi il existe une différence entre la moyenne altitude et la haute altitude. Il semblerait qu'en haute altitude s'applique le principe de « sécurité et liberté » et qu'en moyenne altitude, on oppose sécurité et liberté. Ne faudrait-il pas commencer par imposer le premier concept en bas, pour qu'il devienne naturel en haut ? Pourquoi opposez-vous ces notions ?

Jean-Louis VERDIER

Vous engagez un débat philosophique, mais il ne faut pas négliger que les élus doivent faire preuve de responsabilité face à des pratiques. Il y a des secteurs que nous sommes malheureusement obligés de sécuriser.

Bernard AMY

Qui impose ces obligations ? Par ailleurs, un moyen de sécuriser ne serait-il pas simplement de poser un panneau au début des sentiers en indiquant que toute personne qui s'engage sur tel ou tel sentier de montagne le fait sous sa propre responsabilité.

Jean-Louis VERDIER

Nous le faisons partout. Pour les sentiers de montagne, le problème est différent de celui des parois d'escalade. Nous expliquons où il y a des dangers sur les sentiers. Nous nous efforçons de les sécuriser, mais nous ne le faisons jamais complètement. Sécuriser un sentier signifie modifier un itinéraire en fonction d'un éboulement, etc.

Bernard AMY

Une grande partie des accidents qui surviennent au Mont-Blanc n'arrive-t-elle pas à des personnes qui ont appris en bas, en moyenne montagne que l'on allait assurer leur sécurité ?

Jean-Louis VERDIER

Je pense que la majeure partie des accidents qui se produisent sur le mont-Blanc arrivent à des gens qui n'ont jamais pratiqué, même sur des sentiers de moyenne montagne. Ils arrivent directement à Chamonix et partent pour le mont-Blanc. Ils ont entendu dire que la montée du mont-Blanc était une expérience incroyable et que ce n'était pas si difficile… Ils partent donc faire le mont-Blanc sans avoir préalablement découvert la montagne. Il faudrait conseiller aux gens de ne pas commencer par le Mont-Blanc et de découvrir la montagne différemment.

Bernard AMY

Je crois tout de même qu'il faudrait rappeler que le premier pas vers la sécurité reste l'autonomie, qui est une notion qui n'a pas été mentionnée depuis une heure qu'a commencé le débat.

Jean-Louis VERDIER

C'est quelque chose que je répète souvent. Dans notre fascicule, il est beaucoup questions d'autonomie. Nous en parlons beaucoup. Georges Pacquetet l'a évoqué tout à l'heure : au niveau de la formation, un grand travail est accompli ; c'est aux jeunes que nous parlons d'autonomie.

Philippe DESCAMPS

Bernard Amy a évoqué les notions de risque accepté et de risque subi. Jean-Luc FABRE, comment effectuez-vous cette distinction ?

Jean-Luc FABRE

Tout le monde a aujourd'hui vis-à-vis de la montagne un point de vue un peu confucianiste. Si l'on est obligé d'avoir une contrainte pour conduire l'individu à agir correctement, cela signifie que nous avons échoué. La meilleure des régulations sociales reste l'éducation et la formation. Il est vrai que l'on a tout de suite peur du Léviathan, du monstre de l'Etat, qui va tout réglementer. A vrai dire, notre société prend aujourd'hui le chemin inverse de la société confucéenne, avec ces règlements dans tous les domaines. De l'autre côté, il faut noter que la société est en train de se judiciariser. Ainsi, quand un accident se produit, le procès devient de plus en plus systématique. Par exemple, s'agissant des guides de montagne, dans les années 1950, il n'y avait eu qu'un seul procès en responsabilité du guide. Aujourd'hui, dès qu'il y a un accident grave en montagne, un procès est systématiquement engagé. Malheureusement, nous sommes écartelés entre notre idéal philosophique et l'évolution d'une société qui ne va pas dans le sens que nous souhaitons. Je suis d'accord avec le dilemme que Luc Jourjon a posé à l'orée de ce débat.

Concernant le risque accepté et le risque subi, je n'ai pas vraiment d'opinion. Mon opinion d'alpiniste serait de dire que seul le risque accepté engage la responsabilité. Le risque subi, en revanche, est celui qu'il faut proscrire. Mais comment peut-on le proscrire ? Par des règlements ou l'éducation et la formation ? Je préfère la seconde partie de cette alternative. Malheureusement, notre société va dans le sens de la facilité : celui de l'interdiction et des règlements.

Philippe DESCAMPS

Par ailleurs, un problème de sécurité s'est particulièrement amplifié ces dernières années : c'est celui des pratiquants du hors-piste. C'est une population que certains considéraient comme atypique, ingérable. Norbert Apicella a adopté une autre attitude vis-à-vis de cette population : il est allé à sa rencontre. Il en a résulté la charte *Free Respect*.

Norbert APICELLA

Ce débat devrait également tourner autour d'un mot-clef, que nous n'avons pas encore prononcé, qui est le mot « conscience », dans le sens où il « faut agir en conscience ». Le problème reste que le pratiquant de montagne n'a pas toujours conscience de ce qu'il fait au moment où il le fait. Je souhaiterais vous proposer une métaphore : en montagne, on peut se retrouver, grâce au téléphérique, directement dans une mer de force 7, avec cette difficulté en plus qu'en montagne, on ne se rend pas compte forcément qu'il y a un vent de force 7.

À mon sens, l'autre partie de l'alternative à l'interdiction du hors-piste en montagne serait de conduire les gens à agir en conscience. Il faudrait ajouter le mot de respect à celui de liberté. On est en effet libre de partir du moment où l'on fait preuve de respect, où l'on se respecte, où l'on respecte les autres et où l'on respecte la nature. Ainsi, on peut agir davantage en conscience et en responsabilité.

Nous avons eu l'idée de faire une charte : la charte « Free respect ». Nous avons organisé un colloque à Tignes sur la sécurité en montagne. La charte est très simple : elle incite les pratiquants à agir en prenant leurs responsabilités ; elle incite à la responsabilité individuelle et à aborder la montagne avec humilité, à chercher à apprendre, à connaître, à se former, etc.

Le but était de créer une sorte de chaînon manquant entre le guide, qui a accès au hors-piste, et le stage de formation que l'on peut organiser. Le but était d'inviter les pratiquants, à leur faire découvrir ce qu'est la neige et ses dangers et, ensuite, de les accompagner en hors-piste et de prendre le temps d'observer pour qu'ils se rendent compte de la complexité du ski en hors-piste. Mon objectif était de conduire les gens à agir en conscience. En effet, la plupart du temps, les gens ne se rendent pas compte.

Philippe DESCAMPS

Nous travaillons actuellement sur une enquête concernant la gestion de la sécurité dans les stations. La réglementation semble tenir simplement de l'absence de politique. Dans deux stations sur trois, on ne peut pas louer un ARVA. Dans 95 % des stations, on ne peut pas trouver un bulletin météorologique dans une autre langue que le français. La réglementation semble une manière de tenter de pallier l'absence de politique.

Par ailleurs, je souhaiterais savoir comment on peut mesurer l'efficacité d'une politique. On nous a parlé de prévention et d'information. Les statistiques nous permettraient-elles de mesurer les effets, d'un côté, de la réglementation et, de l'autre, de l'information et de la prévention ?

Un intervenant

Pour pourvoir mesurer cela, il faudrait pouvoir contrôler les facteurs, ce qui est complexe. Ainsi, sauf à mettre en œuvre des moyens considérables, je ne vois pas comment on pourrait mesurer l'efficacité d'une politique sur les chiffres de l'accidentologie, à moins que l'on n'interdise complètement, ce qui me semble difficile.

Jean-Louis VERDIER

Nous avons été à l'initiative de ce forum pour pouvoir écouter des sociologues, des scientifiques, des personnes qui travaillent dans ce domaine pour tenter de comprendre quelles sont les évolutions. Nous vous parlerons tout à l'heure d'un Observatoire de l'Evolution des Pratiques. C'est sans doute dans cette direction que nous devons aller. Il faut que l'on s'appuie sur les outils que les chercheurs ont mis en place. Si l'on réussit à sauver la vie d'une ou deux personnes pendant l'hiver ou pendant l'été, nous aurons déjà gagné. Il nous faut rester modestes.

Philippe DESCAMPS

De quel outil l'Etat peut-il avoir besoin ?

Jean-Luc FABRE

Nous disposons déjà de nombreux outils. La difficulté est de choisir le bon. La modestie et le bon sens peuvent conduire les préfets et les maires à prendre les bonnes décisions dans les situations difficiles. C'est tout ce que je peux dire.

Michel DRAPIER

Je suis dans le milieu depuis trente cinq ans. Je sais que le thème du débat de ce jour est récurrent. Je suis d'accord avec tout ce qui s'est dit aujourd'hui. On nous dit que la montagne devient de plus en plus marchande. Les guides, les offices de tourismes, etc. vendent leurs prestations. Qui ne vend rien ici, dans cette salle ? Les universitaires eux-mêmes vendent leurs prestations, puisqu'ils en vivent. La marchandisation de la montagne a tendance à être négligée. Dès lors que la montagne devient marchande, il faut que tout soit lié et sécuriser le marchand : dès lors que l'on amène des gens en téléphérique en haute montagne, il faut que cela soit sécurisé.

Par ailleurs, il me semble que, dans la pratique, il y a plusieurs types de montagne : la haute montagne, la moyenne montagne et les espaces organisés, les stations, qui ont tendance, partout dans le monde, à devenir des sortes de parcs de loisir. Dès lors, chacun de ces espaces a plusieurs possibilités.

Je suis gardien de refuge et je m'indigne de voir des gens avoir des accidents derrière mon refuge parce qu'il n'y a pas de panneaux. On ne met pas de panneau parce que, sinon, on est responsable. Ainsi, le secteur n'est pas sécurisé. Je suis d'accord avec Paul Keller, que je respecte énormément : il ne peut être question de réglementer. Cependant, ces problèmes sont très compliqués. On en parle depuis très longtemps.

En conclusion, je suis prêt à militer dans une association qui revendiquerait le droit au risque en montagne, le droit à prendre des risques en montagne.

Paul KELLER

La question est de savoir qui fait les règlements et dans quelles conditions ils sont établis et affichés. Or j'ai l'impression que les règlements sont établis souvent en dehors de toute participation des personnes compétentes.

Il faut noter qu'il y a de grandes différences entre les pratiquants de la montagne. Nous formons nos adhérents. Mais qui forme ? Ce sont des associations de bénévoles. A la marge, on peut informer en plaçant des panneaux. Les maires peuvent également agir. Mais ce n'est qu'une goutte d'eau dans un océan. C'est très bien. Cependant, combien de personnes seront touchées ? Peut-être une cinquantaine ou une centaine. Or un million de personnes viennent à la montagne chaque été à Chamonix. Nous sommes totalement en dehors des normes européennes en matière d'éducation. C'est pour cela que l'Observatoire m'intéresse. En effet, mieux comprendre les motivations et les catégories des pratiquants qui viennent en montagne aidera les associations, qui sont les principales sources d'information, à mieux orienter leurs actions.

Bruno PELLICIER, Président du Syndicat National des guides

Est-on toujours entendu ? Nous avons toujours su être là où il fallait pour dire ce que nous avons à dire. Nous avons su montrer que les guides étaient des médiateurs incontournables et l'ont toujours été. Face à une société caractérisée par la facilité d'accès à la montagne, un grand nombre de personnes décide d'aller faire le mont-Blanc du jour au lendemain sans connaître les tenants et les aboutissants. On sent bien qu'il y a besoin de médiateurs. Les guides entendent se positionner comme médiateurs entre la réalité du tourisme et les aspirations et le rêve des gens. Les guides, plus que jamais, sont ces intermédiaires, qui permettront de faire preuve de pédagogie et d'éviter la mise en œuvre d'une réglementation trop lourde.

Norbert APICELLA

Un peu plus de cent personnes sont touchées par les campagnes d'information et de prévention. Nous sommes un certain nombre de personnes à nous occuper d'initiatives de prévention. Par exemple, aux Deux-Alpes, nous avons lancé une campagne de sensibilisation de tous les collégiens aux réalités concrètes et pragmatiques des pratiques de montagne. En somme, nous avons engagé un certain nombre d'initiatives. Il serait souhaitable de fédérer l'ensemble des initiatives pour leur permettre de prendre davantage d'ampleur.

Il me semble fondamental d'agir en conscience, en responsabilité, avec honnêteté et avec authenticité. En montagne, en milieu naturel, les choses vont mieux si je suis à ma place et si ce que je fais correspond à ce que je suis, sachant que la place que j'occupe peut évoluer en fonction de ce que je fais.

Chantal BRAULT, Direction des Sports, Ministère des Sports

Concernant le rôle de chacun en matière de sécurité et la manière dont l'Etat associe à son action les acteurs de la montagne, je souhaitais souligner que la réglementation n'est pas le seul moyen d'action de l'Etat. La réglementation n'est pas la seule manière de régler les difficultés et les risques liés aux pratiques que nous avons décrites ce matin. L'accent est mis d'ailleurs depuis longtemps sur la prévention et la formation. Le tout est de savoir quel message de prévention on doit faire passer, comment on peut espérer toucher le public concerné. Il faut constater le développement important de certaines pratiques sportives. Les comportements ont changé depuis dix ou vingt ans dans la pratique de ces sports. La responsabilité de l'Etat est d'associer le plus étroitement possible les acteurs de terrain, en s'appuyant notamment sur des données d'accidentologie. Le recueil d'informations réalisé depuis des années nous permet d'engager des campagnes de sécurité en relation avec les professionnels de la montagne, notamment pour lutter contre les accidents de ski et les accidents de montagne l'été. Aujourd'hui, il serait utile que nous ayons plus d'informations sur les circonstances liées à l'accident, ce qui nous permettrait de mieux informer et de mieux responsabiliser les personnes. Nous devons améliorer le recueil de ces données. Cela et l'implication de chacun doit aboutir à une plus grande sensibilisation et responsabilisation du public. L'Etat, en somme, doit réglementer dans certaines circonstances, d'autant que nous sommes dans une société qui demande de plus en plus de sécurité et qui se judiciarise. Par conséquent, l'Etat est pris dans cette évolution. Cela ne l'empêche pas d'agir dans le domaine de l'information et de la prévention en partenariat avec les acteurs concernés.

Bernard AMY

Je voudrais revenir sur l'importance du concept de liberté et de l'importance qu'il y a à concevoir non pas la sécurité pour la sécurité, c'est-à-dire la sécurité dans l'absolu, mais la sécurité dans la perspective de la liberté. Dans l'exposé de Jean Corneloup de ce matin, il a été fait mention de toutes les enquêtes qui sont menées actuellement. Le mot-clef apparu ce matin est le concept de liberté. Ce concept est revendiqué par la majorité des pratiquants. Nous voyons réapparaître ce concept à travers un grand nombre de pratiquants de la montagne dans le cadre des clubs et des associations. Ils veulent être libres, avant tout. C'est le premier concept qui incite les gens à aller en montagne. Il faut donc comprendre ce concept et comprendre le rôle qu'il joue dans la psychologie des gens. Il a été au départ de tout le mouvement de *free ride*, qui est, symptomatiquement, du ski hors-piste, et non pas du ski de montagne.

Dans les enquêtes de ce matin, je n'ai pas vu quel était l'âge moyen des réglementés et l'âge moyen des réglementeurs. Il y a des gens qui réglementent en effet et ceux qui tombent sous le coup de la réglementation. Je suis prêt à parier que les réglementeurs sont plus âgés que les réglementés. Pour moi, une des catégories type des réglementés sont les *free riders*, qui sont des gens qui, à un moment donné, ont voulu faire autre chose que du ski de piste, c'est-à-dire du ski réglementé. Une piste, c'est de la neige damée et une barrière. Les *free riders* sont des gens qui sont passés sous la barrière. Et je souhaite que, pendant longtemps, les jeunes alpinistes passent sous les barrières que l'on pose entre eux et la montagne.

Jean-Louis VERDIER

Je suis d'accord avec les propos de Bernard Amy. L'un des problèmes que nous rencontrons dans le domaine de l'information est que ces pratiquants sont complètement libres et qu'ils n'appartiennent à aucun club, à aucune association. On ne peut les contacter. Mais il est vrai qu'il faut conserver cette liberté et que nous œuvrerons dans ce sens.

Bernard AMY

Je précise que je souhaite que ces pratiquants puissent continuer de passer sous les barrières, mais en toute conscience. Il est nécessaire qu'on leur ait appris ce qu'est l'autonomie avant qu'ils passent sous les barrières.

Michel ROYBOZ, Compagnie du Mont-Blanc

La liberté et la sécurité doivent se partager. Ce n'est pas l'affaire des élus et des hommes de loi ; c'est l'affaire de tous. La Vallée Blanche a été mise en avant dans nos campagnes de communication. Nous l'avons vendue. Nous l'avons mise sur des dépliants. Cependant, après réflexion et après en avoir parlé entre nous, nous ne faisons plus apparaître la Vallée Blanche sur nos dépliants, ce qui est un premier acte de responsabilité citoyenne. Elle relève à nouveau du hors-piste et nous rappelons aux skieurs qu'il est impératif de s'adresser à des professionnels, le plus possible. Cet exemple prouve qu'il est possible d'intervenir sur le plan commercial et d'impliquer dès cette étape les différents partenaires.

En outre, il est arrivé que nous tentions d'empêcher des clients de prendre le téléphérique, par exemple des clients en short. Ce n'est cependant pas possible. C'est pour cela qu'il y a une véritable réflexion à mener sur la manière dont on peut dissuader les gens d'aborder la montagne quand se présente un danger évident, comme le mauvais temps.

Enfin, l'entreprise peut jouer un rôle citoyen et s'associer à l'effort de formation. Une mairie peut entraîner derrière elle ses partenaires. L'argent peut être investi dans l'information. On peut être actif dans ce domaine et tenter de soutenir toutes les initiatives conduites en matière de sécurité et faire un *lobbying* pour apprendre ce qu'est la notion de risque. Cela permettrait de sauver des vies.

Le Directeur de l'Office du Tourisme de Tignes

À Tignes, on vend la prise de risque et on l'organise : nous bâtissons des *snow-parks* et des *snow-pipes* qui sont de plus en plus grands et de plus en plus longs, des *jumps* de plus en plus hauts. Nous venons d'installer un funiculaire qui permet de monter le plus rapidement possible à 3 000 mètres. Ainsi, en 7 minutes, vous passez de 2 000 mètres à 3 000 mètres. On n'empêche personne de le faire. L'hiver dernier, il y a eu quatorze morts sur l'espace skiable de Tignes, c'est-à-dire entre Tignes et Val-d'Isère.

Je prends des décisions dans la mesure où j'assume la prise de risque ludique qui correspond à la demande de certains clients. Effectivement, nous vendons cela, non pas pour faire de l'argent, mais pour répondre à une demande. Ainsi, nous organisons cette prise de risque.

Par ailleurs, je ne « vis » pas ces quatorze morts de la même manière. Un des morts est une personne de la régie des pistes passée sous l'avalanche après avoir déclenché l'avalanche. Ce décès me semble relever d'une responsabilité professionnelle qui nous appartient en propre, en tant que directeur de la station.

En revanche, quand cinq imbéciles décident, au milieu de l'après-midi, de faire une course à risques en passant les barrières alors même que c'est interdit, je suis indigné. Cela a fait les journaux. On a parlé de l'espace Killy pendant trois jours.

Cependant, personne n'a dit à la télévision qu'il s'agissait de cinq imbéciles qui ont réussi la médiatisation de leur vie. Ce problème mérite d'être posé : les gens font ce qu'ils veulent de leur vie. Pour notre part, nous organisons du plaisir. Nous organisons les prises de risque. Nous la vendons, nous la commercialisons. Cela coûte de l'argent. Nous devons cependant laisser chacun être responsable de sa propre prise de risque.

Marianne SCHNITZ, Rédactrice en chef du magazine Ski Européen

Je trouve que la liberté n'est possible que si je connais tous les choix possibles et si j'ai la liberté de choisir. La liberté de connaître toutes les conséquences de ses actes, comme celui de passer sous les barrières. A partir de ce moment, il faut organiser l'éducation des jeunes. Il me semble que cela est à la base de tous les problèmes.

Les magazines comme celui dans lequel je travaille « vendent » le rêve du *free ride*. Nous devrions cependant nous obliger à présenter également des articles portant sur la sécurité pour informer les jeunes.

Par ailleurs, j'ai le sentiment que toutes les associations, les fédérations et les différents médias devraient se fédérer pour faire œuvre d'éducation sur les notions de liberté et de sécurité. Il faut considérer que la liberté présuppose l'éducation. Nous devrions travailler en collaboration étroite dans ce domaine avec les stations.

Un intervenant

Je souhaiterais revenir sur la question de l'information des jeunes. Il faut faire prendre conscience aux gens qui ne connaissent pas bien la montagne qu'il y a des dangers objectifs et des risques, que tout ne peut pas être maîtrisé.

Ainsi, faire croire aux gens qu'on peut les former à travers une session d'information, la lecture de prospectus ou l'achat de matériel est totalement illusoire et conduit à des comportements de plus en plus irresponsables. En effet, dès lors que les *free riders* en herbe ont entendu parler du matériel de sécurité et que ce matériel est utilisé par leurs idoles, ils s'équipent, ils mettent un casque, un ARVA, etc. Il faut cependant faire attention. Les gens qui ne connaissent pas bien la montagne, au terme d'une formation, peuvent se sentir protégés. Auparavant, les jeunes étaient accompagnés des anciens, ce qui était sans doute préférable. En somme, former et informer, c'est bien. Toutefois, il faut souligner que tout n'est pas maîtrisable et préciser qu'il subsiste des dangers objectifs. Il est illusoire cependant de penser que l'on peut former en quelques heures. Cela prouve bien les limites des campagnes d'information dans un milieu aussi sauvage que la montagne.

Daniel TAUPIN

Je souhaiterais que ce genre de colloque se tienne non pas à Chamonix, mais à Bourges ou à Agen ou devant un congrès des maires de France, c'est-à-dire en plaine. En effet, c'est sans doute les autres maires de France qu'il faut convaincre.

En outre, on parle d'éduquer les gens qui partent à la montagne. Il faudrait cependant également éduquer les assureurs et les ayants droit des gens qui, malgré les précautions prises, se tuent en montagne. Il faut éduquer toutes les familles des gens qui viennent à la montagne. Sinon, les maires, dans la crainte des poursuites, mettront en œuvre la seule parade possible : l'interdiction.

Banalisation *versus* identité ?

Débat animé par Jean Kouchner, journaliste, professeur associé à l'Université de Montpellier
Avec la participation de **Renaud de Bellefon** (historien, pyrénéiste), **Luigi Gaïdo** (consultant IRS Srl Turin, professeur associé à l'IGA), **Benjamin Thaller** (Société Salomon), **Olivier Paulin** (alpiniste, garant international Mountain Wilderness), **Bernard Prud'homme** (directeur office de tourisme de Chamonix-Mont-Blanc), **Catherine Destivelle** (alpiniste).

Pistes de discussion proposées : Face à la course à la rentabilité, à la conception de produits innovants et au développement de destinations marketing, se pose avec urgence la question de l'identité des espaces montagnards. Au fond, la montagne peut-elle revendiquer un positionnement touristique singulier ou ne sommes-nous pas en train d'observer une lente banalisation des espaces et des pratiques ? La culture montagnarde est-elle en train d'échapper aux acteurs du développement local ? Quels seront dans les années à venir les référents culturels qui participeront à définir l'identité sportive et géographique de ce territoire ? Quelle place donner à l'histoire et à la mémoire dans cette dynamique ?

Jean KOUCHNER

Les intervenants réunis pour débattre de cette question ne sont plus à présenter… Le mode interrogatif choisi pour le titre de cette table ronde « banalisation versus identité ? » n'est pas fortuit et ouvre davantage le débat.

Banalisation versus identité ? Il est très difficile de distinguer complètement cette question des questions soulevées lors du débat précédent alors qu'elle leur est évidemment liée. Quelques éléments fondant les pratiques et la culture de montagne mettent en évidence cette liaison : pérennité, autonomie ou respect par exemple.

Qu'est-ce que la culture ? Il ne s'agit pas d'aborder cette question sous un angle uniquement philosophique ; ce qui nous préoccupe relève plutôt de ce qui constitue le rapport de l'individu à la montagne. Par conséquent, la culture est d'abord la diversité. Mais la culture est aussi la culture collective, donc ce qui constitue le rapport de la collectivité et des pratiques de celle-ci à l'espace montagnard. A nouveau les approches sont différentes, variables d'un endroit à un autre, mais sensiblement communes de par leur évolution.

Puisque nous sommes de Chamonix, où s'impose la montagne dès l'entrée dans la vallée, je demanderai à Bernard Prud'homme de nous parler des éléments forts qui subsistent de la culture montagnarde.

Bernard PRUD'HOMME

À propos de culture montagnarde à Chamonix, il semblerait plus facile d'évoquer la banalisation. En effet, qu'il s'agisse du Mont Blanc ou des études lancées, tout se banalise très rapidement, exceptée l'éducation sur la montagne que nous souhaiterions transmettre aux pratiquants. Par exemple, lors de la création de la réserve des Aiguilles Rouges, nous avons longtemps expliqué aux visiteurs que les sentiers appartenaient à l'Homme et que le reste appartenait à la Nature. Il a fallu vingt ans pour que les pratiquants de la montagne le comprennent ; cette acceptation leur paraissait initialement intenable !

Nous devons en effet faire face à la pression des pratiquants, à leur niveau d'acceptation de l'éducation et à ce qu'ils souhaitent sentir en approchant la montagne ici, qui est très présente. Or le seul intermédiaire entre les pratiquants et la puissance du site réside dans l'autochtone. Quel lien lie l'ensemble des habitants ? On distingue différents niveaux entre les habitants. Ainsi l'habitant à l'année dans la station est capable de médiatiser et d'expliquer la puissance du site où il vit.

Jean KOUCHNER

L'habitant a également changé. Beaucoup d'apports extérieurs ont fait évoluer les traditions de la montagne. La diversité est-elle aujourd'hui affirmée dans les pratiques ?

Bernard PRUD'HOMME

Certes, l'habitant a légèrement changé. Cependant, lorsque la montagne se réveille, les habitants se fédèrent. Lors de l'avalanche de 1999 par exemple, la solidarité montagnarde de base s'est fait sentir pendant de nombreuses années. Ainsi la population se fédère grâce au respect qu'elle porte à la montagne. L'office du tourisme de Chamonix avait réfléchi en amont à cette question : il était convaincu que la puissance du site était la seule chose à respecter dans la mesure où c'était elle qui avait créé Chamonix ; l'ensemble des gens qui ont pratiqué le site de Chamonix pendant 250 ans ont fait son histoire. C'est grâce à cette pression des pratiquants que l'équipement actuel de la station, notamment celui de l'Aiguille du Midi, est là.

Quant à savoir comment ont évolué les Chamoniards, une revue de montagne spécialisée s'est penchée sur la question. Il en ressort que quarante nationalités, toutes pratiquantes de montagne, sont représentées à l'année à Chamonix. Le cosmopolitisme de Chamonix apparaît donc comme l'une de ses richesses principales. D'une part, les quarante nationalités sont de véritables ambassadeurs touristiques dans leurs pays d'origine. D'autre part, elles permettent un accueil culturellement spécialisé à Chamonix aux visiteurs de leurs pays d'origine. Chaque niche de clientèle et chaque nation a son propre réceptif et ses propres critères d'accueil, d'où une disparition progressive des notions montagnardes antérieures à 1900.

Jean KOUCHNER

Les éléments forts de la culture montagnarde disparaissent ou tout au moins évoluent. Néanmoins, ne donnent-ils pas naissance à une nouvelle solidarité ?

Bernard PRUD'HOMME

Une nouvelle solidarité émerge effectivement, lorsque le massif s'exprime. L'avalanche de Montroc a causé des victimes de différentes nationalités, ce qui a grandi le respect du site. C'est pourquoi la base de la communication se fonde sur le respect du site. Le reste de la communication n'est qu'un effet « boule de neige » : l'incendie du centre-ville, le tunnel, etc. Mais la communication autour du respect du site lance une graine environnementaliste dans l'intimité de chacun.

Jean KOUCHNER

Nous reviendrons sur ce point ultérieurement car il ne manquera pas de susciter des questions. Lors de la préparation de cette table ronde, Catherine Destivelle affirmait que « la montagne, c'est d'abord le rêve ». Maintenez-vous votre position malgré les nouvelles pratiques et les évolutions que nous venons d'aborder ?

Catherine DESTIVELLE

Comme beaucoup, je pense toujours à la montagne comme à un rêve. Les personnes qui se rendent en montagne y vont pour assouvir un rêve de nature, d'authenticité et de grands espaces.

Jean KOUCHNER

Peut-on satisfaire ce rêve en restant dans la vallée, à l'intérieur d'une station ? Cela ne nécessite-t-il pas un effort ?

Catherine DESTIVELLE

Chacun y trouve son compte. Certaines personnes, qui n'ont pas de notion de l'effort, resteront en basse vallée pour bénéficier du paysage. D'autres auront envie d'aller plus loin et d'en souffrir. Quant aux alpinistes, ils iront au-delà.

Jean KOUCHNER

Ces questions paraissent importantes compte tenu du courant qui a consisté, au cours des dernières décennies, à aménager de plus en plus la montagne pour permettre son accès. Lors du débat précédent, le maire-adjoint de Chamonix nous faisait part d'une réflexion sur les équipements à prévoir.

Catherine DESTIVELLE

En tant qu'alpiniste, je trouve que certains équipements permettent aux non-alpinistes de découvrir la montagne sans la vivre dans l'extrême. Sans ces moyens exceptionnels, ils n'auraient jamais l'occasion de découvrir ces milieux. A cet égard le petit train de la Mer de Glace est magique : parmi les personnes qui le prennent, des millions n'ont jamais vu de glace de près. L'existence de ce type d'équipement est donc plutôt réjouissante. Certains détracteurs de ces équipements, à l'esprit obtus, expriment leur réticence, arguant qu'ils nuisent à la nature. Au contraire, il me semble que ces équipements sont une bonne chose car tout le monde a droit de découvrir ces merveilles. De même, grâce au téléphérique, beaucoup de visiteurs montent au sommet de l'Aiguille du Midi ; ils n'auraient jamais eu l'occasion autrement d'admirer ces paysages grandioses. En définitive, en dépit de quelques inconvénients, ce genre d'équipement me plaît.

Jean KOUCHNER

J'invite le public à se manifester pour prendre part au débat et solliciter les intervenants. Luigi Gaïdo, que pensez-vous des évolutions qui se font sentir ? Le montagnard n'a-t-il pas, pendant longtemps, considéré le touriste comme une source de revenus à exploiter ? Ne faut-il pas étudier plus précisément les préoccupations et les motivations de ce dernier afin d'orienter les activités vers lui ?

Luigi GAÏDO

Faut-il traiter le touriste comme une source de revenus potentiels ? Oui, étant donné qu'il est là pour cela. Naturellement, cela nécessite beaucoup d'élégance et de savoir-faire. Or, le touriste, qui vient parfois de loin, n'achète que ce qu'il connaît et apprécie. Ainsi le rôle du montagnard à l'égard du touriste est primordial, même s'ils sont confrontés à l'opposition d'une culture traditionnelle locale et d'une culture « globalisée ». Une part de l'espace touristique est ainsi condamnée à se « disneylandiser ». De toute façon, l'homologation devient quasi-obligatoire.

La fille d'un ami, qui habite dans une commune montagnarde, joue de la musique traditionnelle. Cela ne l'empêche pas d'écouter de la musique techno et de se rendre dans les discothèques. Quelle culture représente cette jeune fille : la culture traditionnelle parce qu'elle parle la langue locale et joue d'un instrument traditionnel ? la culture urbaine par son mode de vie ? Cet exemple met en évidence l'émergence d'une nouvelle culture montagnarde.

Jean KOUCHNER

Les médias donnent une image idéaliste de la montagne, qui sert de modèle à l'aménagement local.

Luigi GAÏDO

Les Parisiens appréhendent les espaces lointains, comme la montagne, par le biais d'images et de rêve. C'est pourquoi les médias produisent un certain imaginaire, qui influe ensuite sur les cultures locales.

Jean KOUCHNER

En tant que directeur de communication de Salomon, vous désirez certainement que la pratique des sports de montagne, traditionnels ou innovants, s'intensifie. La tentation de faire ressembler le territoire à un produit marketing est-elle grande ?

Benjamin THALLER

La montagne est un rêve. Or les entreprises de matériel sportif ont l'avantage de rendre ce rêve accessible en offrant une médiation avec la montagne.

Jean KOUCHNER

Agissez-vous comme conseiller sur l'aménagement de leur domaine auprès de collectivités territoriales ?

Benjamin THALLER

Nous avons de nombreux partenariats avec des professionnels de montagne, notamment les guides de montagne, qui se posent des questions sur les attentes de leurs clients. Grâce à notre conseil, ils peuvent réfléchir à des actions d'aménagement. En contrepartie, leurs remarques nous aident à développer des produits qui seront adaptés à l'évolution des besoins de leur clientèle.

Jean KOUCHNER

Quelles demandes et motivations nouvelles percevez-vous chez les consommateurs ?

Benjamin THALLER

Pour mieux les comprendre, il est préférable de les étudier au cours de la dernière décennie. Il y a dix ans, le *snowboard* apparaissait comme un moyen de glisse marginal alors qu'il se développe aujourd'hui de façon extraordinaire auprès d'une clientèle jeune. De même, la vision du ski, auparavant confinée au traditionnel et à la compétition, a beaucoup évolué, notamment avec les skis paraboliques. Le département recherche de Salomon essaie donc de développer des produits facilitant l'accès à la pratique et aux sensations.

Jean-Pierre COURTIN

Notre table ronde semble se clore sur une sorte de consensus et pourtant... La Compagnie du Mont Blanc, qui se veut un simple médiateur entre l'Homme et la Montagne, déposera sans doute de nouveaux dossiers d'unités touristiques nouvelles pour empiéter sur des domaines sauvages. Catherine Destivelle dit qu'elle peut toujours rêver aux cathédrales de pierre et de glace. Mais peut-on vraiment rêver alors qu'un hélicoptère survole la zone toutes les vingt minutes ? Dès que le beau temps sera revenu, certains guides se feront déposer et reprendre avec leurs clients au Col du Dôme. De même, l'office du tourisme de Chamonix continuera, tout à fait légalement, à promouvoir les baptêmes de l'air, créant ainsi une saturation sonore dans la vallée de plus en plus mal supportée. En définitive, les problèmes demeurent ; la frontière entre le domaine équipé et le domaine de rêve est facilement bousculée... Par ailleurs, pour la grande course entre l'Italie et l'Aiguille du Midi, quelques boucles seront aménagées et damées dans la Combe Maudite et la Combe des Aiguilles Marbrées. Ces aménagements, bien que réversibles, ont-ils leur place dans le domaine du rêve ?

Françoise KOUCHNER

La montagne, comme le tourisme, offre du rêve. Cependant, en raison des différentes approches dont elle fait l'objet, il arrive que les rêves se chevauchent et se révèlent contradictoires voire incompatibles. En se rendant en montagne, on rêve d'espaces naturels et de petites fleurs. Finalement, on y trouve un parcours forestier aménagé. Le rêve de la montagne tient aussi au rêve de se dépasser, d'aller au sommet. En voyant des visiteurs accéder sans effort au sommet, le rêve est un peu brisé. Il appartient donc aux stations de choisir l'image de montagne qu'elles souhaitent développer.

Jean KOUCHNER

Il s'agit évidemment du cœur du débat. Olivier Paulin, est-il possible de s'opposer aux investissements financiers, parfois très lourds, de conquête de nouveaux espaces ?

Olivier PAULIN

S'opposer n'est peut-être pas la solution adéquate ; il convient en fait d'aboutir à un partage de territoires. Il faut aborder la montagne différemment d'autant que la culture montagnarde serait plutôt composée de plusieurs cultures, plus ou moins anciennes, donc constituée par strates. Au cours de notre table ronde, il a été question d'alpinisme classique, mais aussi de l'explosion de pratiques totalement nouvelles. La montagne n'a pas le même sens pour tout le monde : de quoi parle-t-on exactement ?

De plus, la précédente table ronde a évoqué « les marchands du temple ». Je ne leur suis pas opposé. Rappelons néanmoins l'attitude de Jésus, qui, dans les Evangiles, chasse les marchands hors du temple même s'il ne les méprise pas. Ainsi il me semble important de poser des limites entre le site naturel et les personnes qui cherchent à l'exploiter. Pour faire prendre conscience de cet impératif, le fameux film de Losey « The Servant » me paraît tout indiqué. Ce film raconte l'histoire d'un aristocrate anglais qui embauche un domestique. Petit à petit, ce dernier, sous prétexte de servir son maître et de prévenir tous ses désirs, finit par lui imposer ses propres désirs. En fait, l'aristocrate devient l'esclave du domestique. En effet, la marchandisation de la montagne – même si elle permet à ses habitants de vivre à la montagne plutôt que de s'exiler – nécessite des limites.

Daniel TAUPIN

L'expression « partage de territoire » est a priori séduisante. À la fin du XVIIIe siècle, le Mont- Blanc, territoire entièrement sauvage, a été partagé en plusieurs parties, dont l'une est équipée d'un téléphérique. Aujourd'hui, le partage du territoire signifierait essayer de tirer profit de la partie du Mont Blanc encore sauvage. A mes yeux le partage de territoire devrait concerner, non seulement le terrain encore vierge, mais aussi les terrains déjà équipés. Il ne faut pas que le partage se fasse à sens unique.

Jean KOUCHNER

Les stations doivent-elles opérer des choix sur les pratiques ? Faut-il décider de faire du VTT à un endroit, de la marche à pied dans un autre et opter pour une non-exploitation du terrain ailleurs ?

Bernard PRUD'HOMME

Le rêve serait d'offrir toutes les pratiques de montagne pour tout le monde. Cependant, des limites doivent être posées pour chaque pratiquant. Comme chaque personne qui se rend en montagne aimerait être seule, nous essayons de limiter les flux par l'argent ou par le niveau. Toutefois, ces démarches posent le problème du rêve. D'ailleurs, les espaces vierges, à conquérir, n'existent plus guère désormais que dans l'espace. Il faut prendre conscience des limites ou des règles à appliquer dans le territoire. La COFREMCA, par exemple, a réalisé une grande étude sur les pratiques ; la plupart des personnes concernées par le tourisme en ont fait une lecture subjective. Sur cette base, les directeurs touristiques ont essayé de trouver des « recettes de cuisine ». Par conséquent, comme l'illustrent les brochures, toutes les stations proposent la même offre : le plus bel hébergement, la plus belle montagne, la meilleure animation.

Nous devons donc protéger au maximum notre stratégie ressources naturelles. Quel média influencera les touristes ? Les brochures d'appel touristiques ne sont plus suffisantes. Par exemple, les Anglais, parce que nous avons adopté des positions fermes par rapport au Tunnel, nous demandent notre charte d'environnement. Les brochures touristiques doivent donc évoluer vers une brochure d'information et d'éducation : il convient d'expliquer aux touristes qu'ils se trouvent dans un site naturel exceptionnel et qu'ils doivent à ce titre respecter certaines obligations. Telle est l'approche des stations construites autour d'un puissant site naturel. Rappelons qu'il est possible de randonner sur tout le territoire français : entre Roscoff et Brest, par exemple, pour bénéficier de vues magnifiques et de belles soirées de marins !

Jean KOUCHNER

Avez-vous l'impression d'avoir les moyens de mener cette politique ?

Bernard PRUD'HOMME

J'ai cité comme exemple la réserve des Aiguilles Rouges : il a fallu vingt ans pour apprendre aux pratiquants que le sentier appartenait à l'Homme et le reste à la nature ! Ainsi les effets d'actions d'éducation mettent plusieurs années avant de se faire sentir. En portant un regard ethnologique sur la station de Chamonix, on s'aperçoit de la forte présence d'une catégorie de visiteurs « trekking ». En randonnée, les magasins de sport distinguent ainsi plusieurs socio-styles différents parmi lesquels le randonneur, le grimpeur ou le *zappeur*.

D'après ces critères, la randonnée est définie comme une balade peu fatigante et familiale. Dans un programme japonais, elle ne doit pas faire plus de dix minutes ! Tout dépend du niveau de pratique et de la cible de clientèle à atteindre. Ensuite, la tendance des *zappeurs* tourne autour du raid aventure, du soft, etc. ; leur habillement mélange les grandes marques, voire les marques de couturiers sur les modèles féminins. Ainsi les *zappeurs* optent pour l'habillement et les chaussures les plus à la mode. En ce qui concerne la catégorie montagne, elle stagne. Mais bizarrement, beaucoup de guides et de touristes britanniques sont attirés par le tour du Mont Blanc grâce auquel ils revisitent l'histoire de leur alpinisme. En revanche, on note une véritable rupture entre l'escalade en site naturel et l'escalade en site artificiel, à laquelle il convient de veiller pour des raisons de sécurité.

Progressivement, cette vision du tourisme nous influence. En prenant conscience des quatre socio-styles précédemment décrits, la boutique de sport, véritable relais d'informations des pratiquants, arrive à conseiller l'acheteur en l'éduquant, non en lui posant des interdictions. Cette attitude crée de la richesse ; c'est d'ailleurs pourquoi l'Organisation mondiale du tourisme invite les pays en voie de développement à se lancer dans le tourisme pour compenser leurs difficultés.

Jean KOUCHNER

En tant qu'animateur du syndicat départemental de la Confédération paysanne, Renaud de Bellefon a, dans les Pyrénées, une vision de la montagne sans doute différente des pratiquants car elle regroupe l'ensemble des acteurs de la montagne, plus particulièrement ses habitants. Vous sentez-vous concerné par les questions qui se posent autour de la culture montagnarde, à Chamonix et ailleurs ?

Renaud de BELLEFON

Petit à petit, la notion de montagne, même dans les pratiques sportives, tend à se diviser tout en s'universalisant. Au XVIIIème siècle, ce sont les glaciers qui attiraient les touristes à la montagne. Il y a quelques années, Catherine Destivelle avait dit au cours d'une émission que la montagne commençait au-dessus des glaciers. Il est amusant pour l'historien de penser que le principal facteur d'attraction des touristes vers la montagne n'est, pour certains, pas encore la montagne !

S'agissant des conflits éclatant dans la gestion des espaces, soulignons le nombre et la variété des acteurs des pratiques de loisirs en montagne. Dans les Pyrénées où, contrairement à Chamonix, les pratiques pastorales sont encore très vivantes, le conflit autour des espaces oppose ces acteurs aux éleveurs. De même, le retour des prédateurs fait l'objet d'échos opposés : les professionnels de la montagne utilisent avec plaisir l'image de l'ours alors que les éleveurs s'y opposent fortement.

Ainsi, la culture montagnarde, par rapport à ce qu'elle était avant l'arrivée du tourisme de masse, s'éclate progressivement. A mon avis il manque de lieux de concertation où les acteurs pourraient échanger.

Jean KOUCHNER

Dans les Pyrénées, qui assure le développement local ? La collectivité territoriale peut-elle le maîtriser ? Est-il souhaitable d'abandonner le développement local à une seule collectivité ? A-t-elle par ailleurs les moyens de maîtriser ce développement ?

Renaud de BELLEFON

Il me semble plus difficile de parler de maîtrise du développement local que d'acteurs du développement local. Les collectivités locales des Pyrénées sont en général petites. Il faut faire en sorte que les acteurs du développement local se rencontrent ; ce genre de réunion répond à cette attente.

Jean KOUCHNER

Certaines notions nouvelles, notamment autour de la défense et du respect de l'environnement, apparaissent. Cette évolution de la culture montagnarde peut-elle conduire à un regard nouveau sur l'environnement montagnard ?

Renaud de BELLEFON

L'état des lieux établi ce matin par Jean Corneloup était passionnant. Il nous détrompait en effet sur ce que nous avons tendance à voir. Nous nous sentons agressés par des pratiques nouvelles qui n'ont aucun lien avec la nature. Finalement, les gens rêvent encore. En aménageant trop le territoire, nous risquons de porter préjudice à la montagne. Les statistiques présentées ce matin m'ont surpris : elles ne révèlent pas seulement le malaise des écologistes, mais sont remplies de bon sens et de viabilité économique.

Jean KOUCHNER

La montagne n'est pas un monde à part. La préoccupation environnementale est-elle la conséquence d'une préoccupation plus globale ? Existe-il une spécificité du retour de cette notion en montagne par rapport au reste de l'espace français ?

Bernard PRUD'HOMME

Nombre d'études mettent en évidence une tendance à la « naturalité ». Nos sociétés occidentales sont en effet fortement orientées vers une autre conception des modes de vie, ce qui oblige à réinterpréter les rapports entre économie, politique, agriculture, etc. Il n'y a donc pas de séparation à établir entre la situation vécue par la montagne et la situation vécue par la société dans son ensemble. Ainsi les nouveaux styles de vie, les nouveaux rapports à l'habitat, la découverte du bricolage ou de la décoration intérieure annoncent une réappropriation de l'espace par l'homme. Il faut donc considérer ces tendances dans leur globalité même si elles comportent des spécificités montagnardes.

Xavier CHARPE

J'ai apprécié la sincérité du directeur de l'espace Killy. Pour ma part, je suis obligé de me montrer hypocrite car ma commune, Saint Christophe, se meurt : la situation démographique et économique est catastrophique. Mon prédécesseur voulait transformer Saint Christophe en station satellite des Deux Alpes ; la commune vit grâce à la subvention de deux millions allouée par les Deux Alpes et parce que les habitants vont travailler l'hiver aux Deux Alpes ou à l'Alpe d'Huez. Nous vivons – nous survivons – sur un monde artificiel.

Cependant, je joue le contre modèle. Toutes les affiches des stations sont les mêmes : un touriste en VTT, un autre au bord d'une piscine. Nous venons de verser 1,5 million de francs à un organisme de tourisme de secteur avec tous les poncifs : Aventure Parc, bronzage devant la neige, course de VTT depuis le glacier. J'essaie de jouer le contre-modèle ; l'idée est de jouer sur une montagne qui reste naturelle. Je suis agacé par le Parc national partenaire de ma commune : il banalise le parc et la vallée car toutes les décisions de promotion sont faites au niveau des parcs nationaux ! Depuis six ans, j'insiste sur leur responsabilité d'établissement public au service de territoires. Il leur appartient en effet d'assurer la promotion de notre territoire en train de mourir. Pourtant, ils font appel à tous les poncifs, allant même jusqu'à changer, sans autorisation, le nom des parcs. Les appellations parc national des Ecrins, parc national des Pyrénées, parc national du Mercantour n'existent plus ! Et personne ne réagit ! Ils ne sont pourtant pas propriétaires du territoire ! De même, nous n'avons pas le droit de montrer l'originalité de nos vallées ; les panneaux sont préfabriqués ! Or nos montagnes sont originales !

Par ailleurs, je souhaiterais être épaulé sur le dossier des pratiques de l'alpinisme. Certains équipements de falaises d'escalade me satisfont pleinement. Mais le parc a osé mettre, sans concertation avec les collectivités, des panneaux par lesquels il informe qu'il a réglementé les équipements en montagne ! J'aimerais que soit conservée une montagne contenant à nouveau de l'aventure et du risque. Ainsi Chapoutot dit : « le jour où il n'y aura plus d'aventure, il n'y aura plus d'alpinisme » et « les alpinistes ont toujours été des grands enfants ; il y aura des modes, mais il y aura heureusement toujours des gens qui vont jouer contre les modes ». A Saint-Christophe, j'entends développer une stratégie à contre-courant afin de conserver au moins un espace naturel sur ce territoire.

Jean KOUCHNER

Je suis certain que vous y parviendrez. La question de la maîtrise du développement local par les collectivités territoriales et l'ensemble des institutions est ici pleinement en jeu.

Daniel TAUPIN

En citant les statistiques de Jean Corneloup, vous avez commis une erreur. En effet, l'échantillonnage de cette enquête couvrait la Vallouise, Tignes et Chamonix, d'où l'on déduit que la majorité des personnes interrogées sont a priori des amateurs de nature. Mais si les mêmes questions avaient été posées à propos de l'esplanade de la Défense à Paris ou de la croisette à Cannes, les résultats auraient certainement été différents. Il faut donc éviter de chercher à faire dire à une enquête des choses qu'elle ne permet pas d'avancer. Jean Corneloup a cherché à faire savoir ce que les personnes interrogées à Tignes ou à Vallouise pensaient, mais ces résultats ne sont pas significatifs de ce que pensent l'ensemble des personnes susceptibles d'aller en montagne.

Benjamin THALLER

L'échantillon est effectivement beaucoup plus large que ce que j'ai présenté ce matin. Trois lieux, Chamonix, les Arcs et la vallée de la Vallouise, étaient surreprésentés. Mais l'échantillon contenait aussi La Plagne, le Beaufortin, etc. De plus, j'ai essayé d'analyser les différences mises en évidence entre les lieux les plus significatifs : par exemple, quels éléments forts de la culture montagnarde se dessinent au vu des conceptions de la montagne à Chamonix et à Vallouise ? L'échantillon étudié se veut représentatif de la diversité des cultures montagnardes.

François GERHARD

Il y a cinq ans, une étude a été réalisée sur la pratique des sports nature en France. Il en ressort que deux tiers des Français pratiquent des sports nature parmi lesquels la marche à pied. Auparavant la culture sportive était normée : elle nécessitait de se rendre sur un gymnase, un court de tennis, un terrain de foot, de payer une cotisation à un club et de suivre certaines règles. Aujourd'hui se développent de nouvelles formes de sport, les sports de glisse et d'*outdoor*, les gens cherchent à s'exprimer et à s'évader au travers du sport. Ainsi, 25 % des Français disent pratiquer le VTT, à des niveaux différents certes. Le développement d'autres sports nature présente un potentiel intéressant.

Or la montagne, notamment, offre un terrain de jeu valorisant. A travers la culture de la montagne les gens cherchent à s'épanouir. D'une part, cela permet à la zone montagnarde de développer des ressources économiques. D'autre part, cela pousse la culture montagnarde à avoir des liens avec d'autres cultures.

Raynier MUNSCH

Originaire des Pyrénées je suis guide de haute montagne dans de nombreux massifs. J'ai porté une grande attention à vos propos sur l'identité des montagnards, puis sur les problèmes environnementaux. Pratiquant de terrain, je vis du métier de guide et suis également alpiniste et grimpeur amateur. J'ai donc une double vision des activités de montagne - je pratique le ski, l'alpinisme et l'escalade. Souvent, lorsque j'écoute les gestionnaires de sites et les administrations censées les protéger, j'ai l'impression qu'ils vivent dans une bulle et non dans la réalité.

Actuellement tout produit doit être « vert », même les yaourts qui sont étiquetés « bio » ! Cependant, il est intéressant de voir plus loin. Tout le monde ne prétend-il pas regarder Arte alors que les meilleurs taux d'audience sont détenus par le Big Deal sur TF1 ? De même, tout le monde se voit « vert », mais, dès qu'il s'agit de monter trois heures pour atteindre un refuge ou partir dans une voie aventureuse, ils sont moins nombreux ! Les « marchands du temple » ont compris ce paradoxe et leurs produits cherchent à éviter une certaine pénibilité et à procurer à leurs clients un plaisir immédiat. Dans chaque massif, cette tendance se développe.

Ainsi les questions environnementales ne me soucient guère. En effet, il est encore possible de se retrouver seul en montagne. Même à Chamonix, en dehors de la zone comprise entre l'Aiguille du Midi et le Mont Blanc néanmoins, cela est possible. Au gré des modes, certains aspects de la montagne inquiètent donc plus ou moins les acteurs de la montagne, qui en abandonnent d'autres.

La semaine dernière, je travaillais dans un parc naturel national espagnol. Or depuis qu'il a pris de l'ampleur et que sa réglementation s'est renforcée, ce parc est envahi de panneaux, de barrières, d'éléments qui le ramènent à la cité. Il y a dix ans, c'était un massif granitique merveilleux. Aujourd'hui, c'est « Disneyland sur granit ». En réalité, on ne protège pas l'environnement, on en aménage une partie à l'américaine et on le standardise.

Jean KOUCHNER

La préoccupation environnementale fait partie des préoccupations des personnes qui se rendent en montagne. Comment leur proposer un environnement qui réponde à leurs attentes ?

Renaud de BELLEFON

Je suis choqué par le fait que nombre de politiques écologistes ne prennent pas en compte l'habitant. Lorsqu'on prétend faire de l'écologie en décrétant un territoire sauvage alors qu'il a toujours été pratiqué par les habitants me gêne. Je n'aime pas qu'on dise, comme cela arrive au sujet de certains pays africains, que les populations locales détruisent la nature tandis que les touristes la préservent.

Jean KOUCHNER

Le débat sur les parcs nationaux est certainement intéressant, conflictuel, mais s'inscrit légèrement hors sujet. Revenons-en à la question de l'évolution des pratiques. Comment répondre aux attentes sur l'environnement ? Que penser du désir de moindre effort manifesté par les pratiquants ? Peut-on toujours le prendre en compte ? N'est-il pas nécessaire de faire des choix ? Comment les opérer, notamment à Chamonix ?

Bernard PRUD'HOMME

Jusqu'à maintenant, nous essayons de défendre l'espace de liberté. Aux Etats-Unis, des panneaux informent dans certains motels qu'il est préférable de ne pas faire de VTT contre les murs ! Il est en effet nécessaire de cadrer un certain usage. Comment ? Finalement, en dehors de l'espace compris entre l'Aiguille du Midi et le sommet du Mont Blanc, l'espace est vierge et réservé à une certaine classe de pratiquants. Ceci est plutôt satisfaisant pour nous qui devons fédérer l'offre chamoniarde en respectant le milieu naturel.

Jean KOUCHNER

L'office du tourisme doit-il et peut-il aménager des espaces nouveaux pour répondre à des attentes nouvelles des touristes ?

Bernard PRUD'HOMME

Non. Lorsque nous avons subi des pressions pour installer des via ferrata, malgré le potentiel que représente cette activité, nous nous y sommes opposés. Il n'y aura pas de via ferrata à Chamonix car nous considérons que cela affecte l'éthique de la montagne. De très belles ferrata existent ailleurs. Certes, nous participons à des aménagements du type Mer de Glace, pour faciliter l'accès au glacier et à la montagne au grand public. Mais l'esprit de liberté va jusqu'à refuser certains types d'aménagements.

Jean KOUCHNER

Les référents culturels permettent de définir les aménagements susceptibles d'être mis en œuvre et de répondre à des besoins exprimés par les pratiquants.

Luigi GAÏDO

Chamonix, en tant que plus grande station touristique montagnarde au monde, est un lieu spécial. Les personnes avides de lieux sauvages ont plutôt intérêt à se rendre dans les vallées situées plus au sud. Par conséquent, l'exemple de Chamonix ne peut être décliné partout.

Par ailleurs, il existe une sorte de mythologie de la montagne. Qu'est-ce qu'un montagnard aujourd'hui ? En dehors des habitants des stations, il ne reste presque plus personne. Aujourd'hui, 70 % de la population montagnarde vit sur 30 % de l'espace. Le montagnard est donc quasiment un urbain ! Donc, plus la station est de haut niveau, plus le discours sur les installations sera paradoxal.

Jean KOUCHNER

Une faible part des pratiquants cherche des espaces vierges. Les autres n'ont-ils pas besoin de la station ? Comment prendre en compte ces nouveaux besoins ? En fonction de quels référents culturels ?

Luigi GAÏDO

La culture montagnarde tend vers la culture urbaine, ce qui induit parfois des pratiques curieuses mais légitimes.

Le représentant suisse de la fédération internationale de sport *outdoor* m'annonçait récemment qu'il serait peut-être bientôt possible de proposer des stations de sports d'hiver « neige garantie », parfaitement sécurisées, où l'on pourrait skier 24 heures/24.

Les dômes de ski s'installent effectivement en Europe, en particulier en Grande Bretagne, et servent à l'enseignement du ski. Les Japonais ont construit un dôme de ski au centre de Tokyo, sur un terrain loué. Alors que le contrat de location arrive à échéance et que la tendance s'est démodée, ils envisagent de démonter le dôme. Mais le succès de ces installations est considérable en Europe.

Benjamin THALLER

Le fait que les gens puissent avoir accès aussi facilement à des sports tel que le ski représente un formidable succès marketing. Certaines zones montagnardes sont qualifiées de « pratique accessible » voire stigmatisées par les habitants comme n'étant pas du « vrai ski ». Chacun a son niveau de rêve ; il est important que tous puissent avoir accès à un paysage, à un lieu donné. Certains touristes seront certainement très contents d'avoir passé une semaine à Chamonix, même en restant sur les pistes vertes. Ils sont tout étonnés de faire la Vallée Blanche alors que la descente ne nous surprend plus ! Il faut partager ce rêve.

Jean KOUCHNER

L'intérêt de ces rencontres n'est pas d'arrêter ou de développer telle ou telle activité, mais d'améliorer la maîtrise et la réflexion autour des évolutions de la culture montagnarde. L'ensemble des acteurs doit pouvoir réfléchir aux besoins exprimés par la clientèle.

Bernard PRUD'HOMME

L'intérêt du ski dôme tient à ce qu'il est un véritable lieu de pratique et d'éducation. Le pas sera-t-il fait vers le free ride ou le ski hors piste ? Tous ces ski-dômes sont analysés par les marketers de stations, autant pour faire du marketing que pour faire de l'éducation.

Eric ADAMKIEVITCZ

Pour faire de l'éducation, il faut des clients et des enseignants. Où sont les pistes rouges et les pistes noires ? Les stations de sports d'hiver sont devenues des boulevards au même titre que le reste de la vie urbaine : on y gère des flux. En montagne, on gère des flux de touristes. Si les zones de difficulté disparaissent, que les champs de bosses sont supprimés, il est normal que l'adolescent, sur les spatules depuis sa tendre enfance, cherche la difficulté en franchissant les barrières. Certes, il faut travailler les pistes pour que la station se développe. Mais, en diminuant les difficultés, on augmente les risques du hors piste, les accidents et la vitesse.

Le tourisme est une économie de services. Le client est parfois trop écouté et la culture locale niée alors que sa perception de la pratique est autre. En affichant les pratiques des hommes qui vivent là toute l'année apparaît la culture et la différence, a fortiori votre avantage concurrentiel. Il est dommage que toutes les stations fassent les mêmes pistes pour obéir à la demande du client. L'office du tourisme, avec ses études, essaie de définir une stratégie de station originale. Il faut avoir le courage d'appliquer la volonté des habitants.

Jean KOUCHNER

Certes, mais si une station choisit de ne pas enlever toutes les bosses des pistes, une partie de la clientèle risque de se tourner vers la station voisine. Or l'évolution des pratiques s'oriente vers une pratique familiale, de premier niveau.

Eric ADAMKIEVITCZ

Une politique « attrape-tout » ne mène à rien ! Il faut avoir le courage de cibler une clientèle donnée pour tenir compte de la particularité de son site, de sa capacité d'accueil.

Bernard PRUD'HOMME

Chaque station analyse le potentiel qu'elle a à offrir à la clientèle, puis elle se positionne. Chamonix a autre chose à proposer qu'une offre familiale. D'autres stations ont des terrains plus accessibles ; il est normal qu'elles apportent à leur clientèle des « boulevards ». Une station comme La Plagne s'est développée sur des pistes faciles ; elle réalise son chiffre d'affaires avec une clientèle de niveau moyen. La segmentation de la clientèle est une réalité ; chaque station cultive sa cible et développe son produit en conséquence.

De la salle

Il ne faut pas banaliser le rêve. C'est pourtant ce à quoi conduisent les grands boulevards !

Les sports de montagne et les médias

Débat animé par Jean Kouchner, journaliste, professeur associé à l'Université de Montpellier
Avec la participation de **Claude Francillon** (journaliste), **Nelson Monfort** (France Télévision), **Antoine Chandelier** (Le Dauphiné Libéré), **Stéphane Dan** (guide de haute montagne), **Alain Ghersen** (guide de haute montagne), **Catherine Destivelle** (alpiniste).

Jean KOUCHNER

Il est singulier de voir que les pratiquants de la montagne sont séparés des journalistes. Nous verrons que cette séparation est artificielle. Le traitement de l'information est un débat qui ne concerne pas seulement la montagne. Nous nous efforcerons toutefois de nous en tenir à ces aspects. Quand un journaliste parle d'un sport, on peut avoir envie de lui reprocher de n'apercevoir qu'un côté des choses ou de ne retenir que l'aspect sensationnel de l'information, plutôt que le quotidien de la vie des gens de la montagne.

Que retient-on de la montagne ? Les journalistes font état surtout des accidents de la montagne, des imprudences qui ont conduit à telle ou telle catastrophe dans tel endroit, que cette catastrophe soit d'origine humaine ou naturelle. On parle plus des victimes que des pratiques.

Toutes ces questions sont au centre de notre débat et soulèvent le problème de l'image de la montagne.

Claude FRANCILLON

Il y a deux moments privilégiés d'intervention pour nous : l'accident et « l'exceptionnel ». On est journaliste soit spécialisé dans une seule discipline et un seul média, soit généraliste. De ce fait, nous pouvons être amenés, quand nous sommes généralistes, à devoir rendre compte d'un exploit dans un sport que nous ne connaissons pas. Par conséquent, nous devons nous tourner vers les spécialistes, entre les mains desquels nous nous remettons.

Jean KOUCHNER

Comment décide-t-on, et sur quels critères, d'envoyer une équipe de journalistes à la montagne ?

Nelson MONFORT

La montagne peut concerner deux catégories de reportage : le reportage de sport et le reportage d'information générale. Les catastrophes qui ont lieu dans la montagne en été concernent avant tout l'information générale, les faits divers, etc.

Pour ce qui concerne la montagne du point de vue sportif, en tant que journaliste de France 2 et France 3, j'ai été confronté à cette question : il s'agit d'une sorte de rendez-vous manqué. En effet, lors de la création de l'entité France Télévision en 1975, il y avait deux axes prioritaires de magazines : la mer et la montagne, la mer avec le magazine *Thalassa*, qui reste un très grand succès d'audience au bout de 27 ans et qui est animé par les mêmes personnes depuis tout ce temps. Par ailleurs, il y avait un magazine, dont la responsabilité éditoriale était du reste du côté de France 3 Grenoble, que je tiens à saluer. Il s'agit d'un rendez-vous manqué. En effet, ce magazine s'est, hélas, arrêté. Le premier des deux magazines a connu un extraordinaire développement alors que le deuxième, concernant la montagne, a été arrêté.

En somme, la montagne, à la télévision, est traitée soit du point de vue sportif, soit du point de vue des faits divers.

Catherine DESTIVELLE

J'ai été mêlée à cette histoire de magazine sur la montagne, dont on m'a proposé de reprendre la suite. L'audimat était nul. J'ai été voir France 2 et France 3 avec des projets d'émission. Ces chaînes de télévision m'ont répondu qu'elles n'étaient pas des « poubelles » ! La montagne, *a priori*, n'intéresse pas la télévision actuellement.

Daniel GUEORGUESKY

Je travaille sur la chaîne Odyssée. J'anime un magazine qui est diffusé tous les jours à 20 heures 50, qui est intitulé *Aventures*. Les deux tiers des sujets de ce magazine concernent la montagne. Je suis également actionnaire de la chaîne 8 Mont-Blanc. Les Conseils généraux ont tenté d'œuvrer pour faire renaître de ses cendres cette chaîne, qui s'adresse aux montagnards, alors qu'il ne faut pas s'adresser aux montagnards, mais aux autres. En somme, il me semble qu'il y ait un gigantesque malentendu entre l'économie et la problématique des médias et la montagne.

Le PAF a changé de structure avec, d'une part, le service public et les grandes chaînes hertziennes et, d'autre part, les chaînes thématiques du satellite et du câble. Aujourd'hui, les stratégies des chaînes sont de plus en plus orientées vers les activités qui intéressent les gens, qui peuvent aller vers les chaînes thématiques. Il est donc possible, aujourd'hui, comme le prouve l'exemple de la chaîne Odyssée, de faire un magazine qui est largement consacré à la montagne, et cela parce que Gérard Careyrou y a cru. Nous avons près de 3 millions de téléspectateurs.

La montagne a d'autres choses à dire. Il y a d'abord des marchands, qui ont des choses à dire. La moitié de notre PIB est constituée du tourisme et par les activités de loisir. Je suis choqué d'entendre parler d'activités sportives en montagne. La montagne représente bien plus que cela. En somme, nous avons des choses à dire sur la montagne. Cependant, c'est à nous d'agir. Nous devons nous prendre en main et réussir à expliquer ce que sont les valeurs fondamentales de la montagne.

Il faut refaire un travail sur l'histoire de la montagne. Il ne s'agit plus de se battre contre des moulins. Les structures des chaînes ont changé. La culture de la presse et des médias a changé, se restructurant autour des centres d'intérêt. Nous avons préparé une série sur l'Everest pour expliquer ce qu'est l'Everest.

Jean KOUCHNER

Comment le *Dauphiné libéré* reçoit-il les propositions de faire un article sur la montagne ?

Antoine CHANDELIER

Les médias présentent en ce moment un gros défaut : un manque flagrant de service public. J'ai l'impression que les médias nationaux proposent de plus en plus des informations conformes aux attentes du public et non pas l'information telle qu'elle est en réalité.

Personnellement, sur le terrain, je dispose d'une certaine liberté, qui me permet d'ailleurs d'aborder, au-delà des exploits et des drames, un troisième champ. L'avantage de vivre au quotidien dans un pays de montagne est de pouvoir parler des comportements et de la prévention en montagne, notamment dans les pages « Chamonix ». Il est vrai toutefois que j'ai du mal parfois à « vendre » ces sujets.

Jean KOUCHNER

Quels sujets proposes-tu à la direction centrale de ton journal, qui sont refusés ou acceptés ?

Antoine CHANDELIER

On retrouve ces deux piliers, qui sont les exploits et les drames. Toutefois, un quotidien régional a la possibilité d'aborder les nouveaux comportements en montagne et des questions relevant de la problématique de la réglementation vs. la préservation de l'espace de liberté. Nous avons, dans un quotidien régional, cette latitude que les grands médias nationaux n'ont pas pour la raison, sans doute, que la ligne éditoriale reste guidée par des objectifs d'audience, que, moi, de mon côté, je ne subis pas.

Jean KOUCHNER

Stéphane Dan, tu es guide. Comment juges-tu l'information qui est faite dans les médias sur ta pratique ?

Stéphane DAN

En fait, depuis cinq ou six ans, le terme du *free ride* a fait son apparition dans les médias. Le *free ride* a été très médiatisé, a connu un grand *boom*, avec peut-être une image qu'il aurait été préférable de ne pas donner dès le départ. Aujourd'hui, il semble que cela aille mieux. La médiatisation semble toujours liée au sensationnel. Cependant, il me semble que le mouvement commence à aller dans le bon sens. Le *free ride* a permis de redonner un coup de fouet au ski.

Jean KOUCHNER

Qu'en est-il de l'image que donnent les médias de ta pratique ?

Stéphane DAN

Il est certain que les médias donnent une image qui s'adresse aux jeunes. Il faut donc faire attention. Les médias devraient faire un effort de pédagogie en soulignant que les personnes qui font du *free ride* ont une grande expérience.

Jean KOUCHNER

Alain Ghersen, comment les médias accompagnent-ils les personnes qui réalisent un exploit sportif ?

Alain GHERSEN

J'ai éprouvé une insatisfaction du discours qui était tenu et son rapport avec la réalité de l'exploit. Les médias ont tendance à pratiquer le culte du héros. Cependant, pour moi, un alpinisme n'est pas un héros. Il est à la limite son propre héros, mais pas plus. Nous avons tendance à encenser les alpinistes, les sportifs en général. Par exemple, actuellement, les joueurs de football sont érigés en véritables héros, et cela de façon totalement démesurée. Pour l'heure, la montagne reste relativement épargnée. J'étais cependant agacé de la façon dont les médias relataient ces expériences : cette relation était extrêmement réductrice et « basique ». Je préfère décrire moi-même mon expérience quand les médias m'interrogent. Ainsi, la réalité n'est pas trop déformée.

Jean KOUCHNER

Certains sportifs bénéficient plus que d'autres des médias. Les médias constituent-ils une aide ?

Catherine DESTIVELLE

Certains sportifs bénéficient certes des médias. J'en ai bénéficié personnellement. Cela m'a aidé dans ma carrière. En effet, cela m'a permis de faire plus facilement ce que je voulais faire et me consacrer à ma passion à plein temps. Il y a cependant l'envers de la médaille : les médias ne regardent pas toujours l'expérience comme nous l'espérerions. Pour ma part, je me suis préservée en évitant de lire les articles. Il est également important d'avoir des amis autour de soi pour garder les pieds sur terre. Ce qui est encore plus important à mon sens, c'est que les revues spécialisées ne disaient pas de « bêtises ». Ces dernières se devaient de raconter les choses telles qu'elles se sont passées et de ne pas raconter d'histoires.

Jean KOUCHNER

Cela n'a pas toujours été le cas, n'est-ce pas ?

Catherine DESTIVELLE

Si. Les revues spécialisées ont bien fait leur travail. En revanche, il faut souligner que certains journalistes se déclarent spécialistes de la montagne et ont fait beaucoup d'erreurs qui ont pu faire mal.

Un intervenant

Cela soulève la question des sources d'informations des journalistes. Certains d'entre eux sont proches des sources d'informations. C'est le cas des journalistes spécialisés. C'est également le cas du magazine Odyssée. La presse locale, *le Dauphiné*, est également proche du milieu. Par conséquent, ils réussissent à avoir de bonnes informations.

Jean KOUCHNER

Comment perçoit-on l'image de la montagne ?

Un intervenant

Il est vrai que les accidents sont largement exploités dans les médias nationaux. Ainsi, les informations diffusées sur ces accidents reposent sur une piste d'explication, qui n'a pas fait l'objet d'une vérification de la part des journalistes de ces grands médias.

Pour ce qui est des exploits, il faut noter qu'il y a une certaine injustice : personne ne parle de certains grands exploits en dehors des cercles spécialisés.

Le problème reste que les personnes qui sont au courant d'un accident ou d'un exploit ne sont pas toujours interrogées. Il en résulte que l'interprétation qui en est donnée dans la presse ou les médias est fausse.

Jean KOUCHNER

Y a-t-il une injustice dans le traitement des exploits dans les médias ?

Un intervenant

Nous le ressentons particulièrement à travers les contacts que l'on peut avoir avec les journalistes. Certains viennent vérifier les faits avant de les relater et d'entamer une explication. Ils viennent à la source effectuer des vérifications. Ainsi, les pratiquants de la montagne peuvent s'exprimer. Toutefois, cela reste assez rare. Plus la presse est proche des pratiquants, plus elle est au courant.

Jean KOUCHNER

Quand on traite de la montagne, les médias peuvent-ils, face au public, être autre chose que « réducteurs », « basiques », « primaires » ? Peut-on faire autrement ?

Un intervenant

Nous avons tous l'impression que tout ce que nous livrent les médias est objectif. Cependant, l'objectif des médias reste de vendre leurs produits et de gagner de l'argent. En dehors des magazines spécialisés, il s'agit, pour les médias grands publics, de faire de l'audience ou du tirage. Par conséquent, il est presque nécessaire que l'information soit présentée de manière « réductrice » ou « sensationnaliste ». Par exemple, quand s'est posé le problème du Tunnel du Mont-Blanc, tout le monde en a parlé alors qu'un événement similaire s'est produit dans un autre tunnel alpin une semaine après. Personne n'en a parlé.

On ne peut pas se plaindre que les médias présentent des informations partielles ou réductrices. En fonction du fait qu'au sein d'une rédaction il y ait ou non des gens qui s'intéressent à la montagne, le journal ou la télévision en parlera plus ou moins bien.

Depuis les années 1980, on peut se demander pourquoi la mer est plus abordée par les médias que la montagne. Tout d'abord, il y a une économie importante autour de la mer, avec en particulier les *sponsors* des bateaux. La voile a apporté des espaces publicitaires aux chaînes. Il est donc normal que les télévisions se soient particulièrement intéressées à la mer et aux exploits sportifs marins. Il existe certes une économie de la montagne, mais sur un autre créneau : le voyage et le tourisme.

Jean KOUCHNER

Nelson Monfort, quelle liberté a un journaliste de décider les sujets indépendamment des annonceurs et de la direction commerciale de la chaîne ?

Nelson MONFORT

Je partage entièrement l'analyse qui vient d'être faite : la voile a parfaitement réussi sa transformation d'une activité de loisir en un sport avec ses compétitions et ses *sponsors*. Il me semble que la montagne est un peu entre les deux.

Un intervenant

Dans ces deux disciplines, que ce soit le ski de montagne de compétition ou l'escalade, les champions et championnes du monde sont français.

Daniel TAUPIN

Nous avons discuté, à l'occasion d'une commission de l'UIAA, de la façon dont la presse voyait la montagne et, notamment, les accidents de montagne. Nous sommes parvenus à la conclusion que plus on s'éloignait des Alpes, plus les commentateurs devenaient incompétents. Nous ne connaissons pas de problème avec le *Dauphiné* ou certains grands médias nationaux. Cependant, ce n'est pas le cas de toute la presse régionale et des *tabloïds* anglais. Par exemple, dans des pays comme l'Allemagne, la presse du Sud de l'Allemagne ne pose pas de problème, contrairement à celle du Nord de l'Allemagne ou celle du Sud de la Scandinavie. Il faut donc constater des disparités importantes et plus on s'éloigne des Alpes, plus l'information est mauvaise.

Jean KOUCHNER

Par ailleurs, les médias sont confrontés à un problème de moyen, qui est celui d'avoir dans son équipe un journaliste spécialisé dont les articles n'intéressent qu'une fraction de ses lecteurs. Comment peut-on régler ce problème ? Par ailleurs, de quels moyens et de quel temps le journaliste généraliste dispose-t-il pour s'informer auprès de sources sûres et fiables, pour assimiler cette information et la rendre cohérente. C'est un problème de conditions de travail.

Olivier PAULIN

Thalassa date de vingt cinq ans. Comment cela se fait-il ? Tout le monde ne fait pas de la voile en France. *Thalassa* permet de parler de la mer en général, et pas seulement des compétitions de voile. A-t-on eu des tentations généralistes pour la montagne ? Il semble que l'on s'enferme, concernant la montagne, dans le sujet étroit des exploits sportifs. Pourtant, il se pose, par exemple, des problèmes environnementaux, qui sont abordés dans *Thalassa*, mais pas dans les émissions de montagne grand public.

Catherine DESTIVELLE

Beaucoup de gens s'intéressent à la mer, plutôt qu'à la montagne. Il se peut que ce soit lié à toute la littérature disponible sur la mer, qui n'existe pas sur la montagne. C'est peut-être une des raisons pour lesquelles les émissions sur la mer remportent un grand succès.

Claude FRANCILLON

J'ai participé pendant quinze ans au magazine *Montagne*. Je me demande si, ce que vous aimeriez voir à la télévision, c'est vous-même. Vous avez indiqué tout à l'heure que vous aimiez bien écrire vous-même ce que vous faites et que le plus important, ce sont les revues spécialisées. Vous écrivez directement. J'ai le sentiment que vous aimeriez voir la télévision que vous produiriez vous en tant qu'alpiniste. Or je crois que *Thalassa* n'a précisément pas suivi cette voie. Son succès important tient au fait que cette émission a su prendre une certaine distance avec les différentes pratiques de la mer. Je crois que la culture des alpinistes et la culture des journalistes sont très différentes. La nôtre est celle du recul, mais également celle de l'analyse et de la confrontation des sources. Or, dans l'alpinisme, personne ne peut vérifier exactement les conditions de l'exploit qui a été réalisé. C'est vrai qu'il y a là un véritable malaise pour le journaliste.

Antoine CHANDELIER

La montagne souffre d'un problème de lisibilité. Elle est un monde à part. Nul autre qu'une personne qui a réalisé un exploit ne pourra l'exprimer aussi bien que le sportif. Les médias n'ont peut-être pas très bien parlé de la montagne, pas suffisamment bien en tout cas pour espérer toucher un large public. Vous avez parlé de l'émission *Montagne*, que je regardais quand j'avais sept ans, dans les années 1980, à Marseille. C'est cette émission qui m'a converti à la montagne.

Il est vrai toutefois que cette émission avait ses limites. Il est vrai que les médias ont leurs limites. Cependant, il faut remarquer que les acteurs de la montagne pourraient « balayer devant leur porte ». La montagne n'a jamais tant fait parler d'elle que dans les années 1990, où l'on rendait un véritable culte à la performance, aux enchaînements chronométrés, les enchaînements de faces nord, le Mont-Blanc en course à pied, l'Everest en ascension express, etc. Dans les années 1990, on parlait beaucoup de la montagne et des exploits réalisés en montagne. On en parle de moins en moins. La montagne n'a pas vocation à être louée comme lieu d'exploit. La montagne est également un mode de vie. C'est avant tout une aventure. Si les acteurs de la montagne mettaient cet aspect en avant, ils seraient sans doute plus médiatisés. Patrick Berhault a fait le dernier exploit, non pas au sens sportif, mais au sens éthique, qui ait été médiatisé. Il en est de même pour Lionel Daudet. C'est du côté de l'éthique qu'il faudrait jeter ses regards.

Il y a eu une époque du culte du héros de la montagne sans doute aussi parce que les alpinistes se présentaient ainsi aux médias. Quand on veut faire de la montagne en se mesurant au chronomètre et en réalisant des ascensions express, il faut s'attendre à donner ce genre d'images aux médias.

Au-delà des exploits et des drames, il serait possible de parler de la montagne comme d'un mode de vie, d'une approche et d'un mode de pensée.

Alain GHERSEN

Les années 1980 ont sans doute été marquées par « l'alpinisme spectacle », soit, à mon sens, une caricature.

Pour répondre à Claude Francillon, sur la difficulté de relater des ascensions, si belles soient-elles, il me semble qu'il y ait une inadéquation totale entre la presse et l'alpinisme de pointe, qui n'intéresse pas grand monde, contrairement à la voile. Plus la presse s'élargit et s'adresse à un grand nombre, plus elle fait du clientélisme. La vérité semble d'autant plus annexe que les médias s'adressent à un grand public.

Un intervenant

Je suis d'accord avec Antoine Chandelier sur la manière de « raconter » la montagne : il ne faut plus raconter simplement des exploits, mais aussi des histoires. Les alpinistes ne sont peut-être pas très bons pour raconter des histoires. Cependant, c'est le métier des journalistes de nous faire parler. Nous devons apprendre à nous exprimer.

Par ailleurs, la FFME délivre un *award* : le Cristal. Autrement dit, l'alpinisme a également ses récompenses. Il y a une reconnaissance du milieu. Il suffit donc que les journalistes interrogent les bonnes personnes pour savoir quels sont les exploits.

Ensuite, le magazine *Montagne* s'est arrêté. C'est malheureux. Il y avait à une époque un équilibre entre *Thalassa* et *Montagne*. Ce deuxième magazine s'est affaibli. Cette histoire est terminée.

Je souhaiterais reposer une question : comment est-il possible de faire entrer les sports de montagne, qui sont compétitifs, dans une actualité sportive ? En outre, comment est-il possible de faire, sinon un magazine, du moins un certain nombre de sujets consacrés à la montagne ?

Un intervenant

Nous sommes dans le même contresens et paradoxe que tout à l'heure. Vous opposez les gens de montagne et les journalistes, qui sont « au bas de l'échelle ». Il faudrait que vous puissiez vous entretenir avec des directeurs de chaîne et des directeurs de programme. Nous sommes, pour notre part, convaincus. Cependant, nous ne décidons pas de la ligne éditoriale de nos magazines. Nous pouvons tenter de « vendre » ces sujets. Cependant, nous ne pouvons pas prendre la décision.

C'est pour cela que j'invite les élus de montagne à tenter d'agir dans ce domaine en rencontrant les patrons de chaîne. Il serait souhaitable de rappeler à une personne qui dirige le service public et qui a déclaré dans la presse, qu'elle s'intéressait à la montagne, qu'il serait opportun de diffuser des sujets en rapport avec la montagne.

Par ailleurs, dans les années 1990, il était question d'exploits, que l'on s'efforçait de mettre en avant. Aujourd'hui, avec le développement durable, nous ne savons plus très bien ce que nous devons mettre en avant. L'histoire de Berhault a fonctionné grâce à une chaîne de l'amitié entre journalistes et un intérêt pour cette histoire.

Stéphane DAN

Patrick Berhault a fait un film de 52 minutes, qui est superbe. Pourquoi n'est-il pas passé à la télévision ?

Un intervenant

Il est passé sur Odyssée !

Stéphane DAN

Les chaînes nationales ne font pas preuve d'un engagement suffisant. Aucune de ces chaînes n'a voulu diffuser le reportage de Patrick Berhault.

Jean-Paul VITEL

Ce qui est diffusé actuellement, ce sont des reportages sur le secours en montagne et les sauveteurs du ciel qui risquent leur vie.

Nelson MONFORT

Il est vrai que nous ne sommes pas les personnes adéquates pour répondre à ce genre de pétitions, qui sont totalement légitimes. Ce n'est pas une consolation de l'apprendre, mais je ne connais pas une seule fédération sportive qui soit satisfaite de son temps de diffusion à l'antenne. Nous recevons 99 % de plaintes ! Même le tennis n'est pas satisfait en raison de la « faible » exposition des tournois régionaux de Lyon et de Toulouse. Pour ce qui concerne les sports olympiques, personne n'est véritablement satisfait. Le Directeur des sports de France Télévision devrait être ici pour vous répondre.

Jean KOUCHNER

Sur France 2 et France 3, il n'est question que de sports olympiques. Ne serait-il pas possible de dépasser cette frontière et de parler des sports de montagne même ceux qui ne sont pas des sports dits olympiques ? Ne serait-il pas légitime de le revendiquer ?

Nelson MONFORT

La montagne n'est pas considérée comme un sport permettant de fournir des résultats sportifs.

Catherine DESTIVELLE

Nous avons connu de vrais problèmes avec les journalistes de télévision. C'est pour cela que ces derniers sont partis.

Daniel GUEORGUESKY

L'escalade n'est pas simplement une pratique sportive, mais également une pratique d'éveil dans les écoles. Cependant, il faut pouvoir trouver dans la rédaction d'un magazine quelqu'un qui soit intéressé par ces sujets. Il est évident que, s'il y a une audience, les patrons de chaîne s'y intéresseront. Nous sommes en train de réfléchir à un magazine de montagne sportif. Cependant, la montagne n'est pas facile à raconter. Il faut qu'il y ait un rédacteur en chef qui soit convaincu que ces sujets puissent trouver leur public. Il faut que nous nous prenions en main.

Pour ma part, je vais toutes les semaines à Paris pour rencontrer des patrons de chaîne et tenter de les convaincre. La plupart du temps, je reçois des refus.

Un intervenant

Il me semble que les Français aiment moins la montagne que la mer, et de moins en moins : les statistiques d'intention de partir à la montagne pour les vacances d'été sont en régression constante. Ainsi, pour une personne qui monte une émission de télévision, il est difficile de diffuser des programmes destinés à des clients potentiels en régression (de 25 % depuis l'année dernière).

En outre, tant que l'on est dans une relation au média qui relève du ressentiment, on ne peut rien faire passer. Ainsi, les discours des montagnards qui se plaignent que la montagne n'est pas assez présente n'attire pas. Les présidents de fédération protestent que, si l'on parlait de leur sport, ce dernier se développerait. Toutefois, il faut souligner que ces personnes ne font rien pour que leur sport soit agréable aux yeux de ceux qui ne sont pas convaincus. Ils ne savent pas le faire.

De plus, il est difficile de développer un sport tant que l'on n'a pas développé des personnalités charismatiques et médiatiques. J'ai beaucoup travaillé dans le domaine de la voile. La personne qui a su particulièrement faire cela, c'est Péron. Marc Pageot ne savait pas le faire du tout. En revanche, Tabarly a beaucoup contribué au mythe de la voile. En somme, une conjonction de ces éléments est nécessaire pour développer ces sports.

Par ailleurs, lorsqu'une course en mer se termine, on est arrivé. Quand on a terminé une course en montagne, on est au retour. Or être à l'arrivée ou être au retour, cela change beaucoup de choses en termes de médiatisation.

Enfin, il a été longuement question de télévision pendant le débat. Cependant, il ne faut pas négliger que le premier média de la voile et qui lui a permis de se développer reste la radio, qui permettait de faire des expéditions en direct.

Avant de se plaindre que l'on ne parle pas de nous et que l'on ne nous aime pas, il faut reconnaître qu'il est plus difficile de rendre la montagne plus lisible. La médiatisation de notre environnement est plus difficile. Cela étant, une émission à la télévision parle de la montagne : *Les gens d'en haut*, qui est une émission régionale traitant des gens de moyenne montagne, et pas seulement d'exploits sportifs.

Un intervenant

Il y a eu des émissions en direct sur les alpinistes, notamment les alpinistes qui gravissaient l'Everest. Il s'agissait d'émissions diffusées en direct sur France Info, qui ont eu lieu il n'y a pas si longtemps. Je suis d'accord sur le fait que, si la montagne s'appuie trop sur ses particularismes culturels, elle ne parviendra pas à faire parler d'elle. Aujourd'hui, il y a bien du ressentiment. Si nous ne sommes pas capables aujourd'hui d'aller vers les gens et de leur expliquer ce qu'est la montagne, il y aura un problème.

Le milieu de la montagne est chaleureux, mais qui n'entretient pas véritablement de contact avec le grand public. Ainsi, nous sommes confrontés à une situation paradoxale dans le domaine du ski : alors qu'il y a en France près de 5 millions de skieurs, la presse spécialisée de ski ne tire qu'à 100 000 exemplaires. Il faut vraiment que les montagnards sachent parler de ce qu'ils sont, avec des mots accessibles, de manière à pouvoir être médiatisés.

Je suis d'accord avec l'idée que l'on ne pourra pas faire de la montagne un univers accessible si l'on ne sait pas en parler correctement.

Par ailleurs, concernant les aspects sportifs, aujourd'hui, le sport en montagne ne signifie pas seulement la compétition. Les jeunes s'intéressent beaucoup à la glisse. Or la glisse, ce n'est pas la compétition, mais un style de vie. Il faut savoir le mettre en scène, pouvoir travailler avec des diffuseurs et des producteurs et continuer de faire cet effort auprès des grandes chaînes afin que ces dernières réussissent à sortir des sports olympiques. C'est ainsi que nous réussirons à faire parler de la montagne.

Un intervenant

La montagne, ce n'est pas que l'alpinisme. Même si l'alpinisme est aujourd'hui un vecteur de communication, il reste bien des aspects à traiter concernant la montagne. Par ailleurs, il est possible de parler de l'escalade et de son côté *fun*. En outre, nous savons que nous devons faire des efforts de communication. Cependant, il faut souligner qu'il y a des sports de montagne avec des règles et des vainqueurs.

Un intervenant

En Amérique du Nord, beaucoup d'acteurs sont parvenus aux conclusions qui ont été tirées pendant le débat. Ils se sont fait expliquer les logiques médiatiques actuelles, selon lesquelles, pour avoir accès à l'antenne, il faut être en mesure de rassembler de l'audience et présenter un intérêt économique pour la chaîne. Ainsi, ils se sont posés deux questions. Premièrement, comment peut-on monter un spectacle de qualité (quels programmes, quels formats, comment mettre en scène le « suspense » qu'il peut y avoir en athlétisme ou au football) ? Deuxièmement, comment peut-on financer une base de revenus pour les chaînes afin que les programmes puissent être placés ? Aujourd'hui, certaines chaînes sont totalement dédiées à la glisse et à la montagne.

Les chaînes de télévision sont alimentées par des spectacles de qualité, qui créent de l'audience. Ces programmes sont, il est vrai, financés à 40 %, 50 %, 60 % ou 70 %. La télévision doit se contenter de financer le reste.

Les acteurs de la montagne se sont pris en main. Il faut monter ces programmes et créer des programmes de qualité pour les téléspectateurs, même s'il n'y a pas le suspense des compétitions olympiques, il faut commencer à réfléchir à la manière dont les chaînes qui diffuseront les programmes sur la montagne pourront trouver une certaine rentabilité économique. On ne peut pas s'en remettre complètement aux chaînes et attendre que les programmes passent.

Bernard AMY

Nous avons dérivé du sujet. Au départ, nous voulions parler de l'image que donne les médias de l'alpinisme. A présent, nous débattons du sujet, du temps d'antenne. Il me semble que tout ce problème des temps d'antenne et de la place occupée par l'alpinisme dans les journaux et à la télévision est tout à fait secondaire, en tout cas pour moi, en tant qu'alpiniste. Il me semble que le vrai problème est celui de l'image que donnent les médias. Même si je suis d'accord que les alpinistes ne sont pas de grands communicateurs, il n'en est pas moins vrai que le métier du journaliste est d'accoucher les idées de ceux qu'ils *interviewent*. Les grands noms du journalisme ont non seulement la capacité de faire parler, mais encore le souci de faire comprendre ceux qu'ils ont en face d'eux. Par exemple, les « Naufragés de la Vanoise » ont été assez habiles pour survivre dans une tempête en creusant une grotte de glace. Les médias ont couvert l'événement grâce à la collaboration des gens de la montagne, qui ont, intuitivement, compris qu'il fallait qu'ils parlent ensemble et tentent d'expliquer ce qui s'était passé. Cependant, ils ont rencontré des personnes qui ne les écoutaient pas et qui tentaient de leur faire dire ce qu'ils voulaient entendre dire. Ainsi, pendant dix jours, on a entendu les journalistes généralistes des grands médias affirmer des choses fausses. Ainsi, cette « affaire » a donné aux alpinistes une image désastreuse des grands médias. Les journalistes ne venaient pas pour tenter de comprendre ce qui se passait, mais pour collecter les images et les témoignages qu'ils étaient venus chercher. Ces journalistes n'ont pas su et ne savent pas écrire sur la montagne.

Jean KOUCHNER

Cependant, quels sont les moyens donnés aux journalistes pour travailler dans de bonnes conditions ?

Un intervenant

Nous avons du mal à montrer le côté humain de la montagne. *Thalassa* parle de gens humbles et simples, qui ont un rapport très intense avec l'élément mer. Nous avons un peu oublié l'originalité des gens de montagne. Nous pourrions montrer ces éléments pour la montagne, ce que nous ne parvenons plus à faire parce que nous nous focalisons trop sur les aspects touristiques ou sur des sujets comme la sécurité, etc.

Un intervenant

Je suis journaliste. Notre profession éprouve des difficultés à balayer devant sa porte. Toutefois, il faut souligner que le champ journalistique est particulièrement sensible au champ économique. Cela signifie que le marché transforme le journaliste et la presse.

Ainsi, la concurrence dans le journalisme et dans la presse pousse au mimétisme, et non pas à la diversité.

Par ailleurs, la compétition n'est pas nécessairement ce qui permet de trouver un public. Nous savons que l'escalade et l'alpinisme n'intéressent qu'une toute partie du lectorat.

Bernard AMY

Guy Chaumereuil a été rédacteur en chef de *Montagnes magazine* quand ce dernier a été racheté très brièvement par un grand groupe d'édition parisien. On lui a demandé de venir travailler à Paris. Il a refusé. Aussi lui a-t-on demandé de faire des allers et retours à Paris. Il a pris ses derniers numéros et il est venu à Paris. Là, il a rencontré quelqu'un qui lui a dit comment on fait un magazine de montagne et qui lui a donné des modèles : une revue sur les appareils photo et sur les voitures ! Guy Chaumereuil a su résister à cela et fait en sorte que *Montagnes magazine* reste un magazine de montagne.

4. Regards croisés sur les sports de montagne

À propos du débat banalisation *versus* identité : où est le montagnard ?

Renaud de Bellefon, historien et accompagnateur en montagne

Il ne s'agit pas ici de proposer une synthèse de ce qui s'est dit au cours de cette heure et demie de débat. Juste d'essayer de redessiner en quelques lignes, un sentiment qui m'a accompagné avant, pendant et après ce débat, et à l'écoute des uns ou des autres. Une redite en somme...

J'ai le sentiment, et je ne crois pas que Jean Kouchner qui avait la lourde tâche d'animer ce débat ou cette table si peu ronde me démentirait, que l'ensemble des intervenants invités n'avait pas une idée très nette, très claire de la question qui était soulevée. Ou peut-être que l'ampleur et la grande transversalité du thème abordé, « la question de l'identité des espaces montagnards », avaient de quoi effrayer certains, et surtout ouvrait les portes à tous les discours. Le manque de précision, de technicité et de spécificité du thème, à la différence de la première table ronde et de la rencontre avec les journalistes qui ont donné lieu à des échanges plus vivants, pouvait aussi gêner quelques intervenants et la salle. Et pourtant, sur ce thème il y a de quoi dire, de quoi s'affronter dans des joutes orales plus vivantes, et peut-être moins décousues. Mais c'est bien parce qu'il touche à tout, qu'il est un thème transversal, que certains ont pu sortir de la salle avec l'idée absolument pas fausse, mais pas complètement négative, qu'on avait parlé d'un peu tout et de rien. Certains, à la sortie, s'interrogeaient sur la présence des problématiques de protection de l'environnement dans un tel débat, alors que protecteurs et anti-protecteurs (pour simplifier) sont parmi les acteurs actuels du développement local de la montagne ; alors que les choix d'aménagements, de protection et les politiques de réintroduction d'espèces disparues ou en voie de disparition soulignent et soulèvent des questions d'identités montagnardes, d'identité des espaces montagnards. Faut-il créer chez nous de ces espaces vierges de toute présence humaine pour assurer des protections aussi efficaces qu'elles sont culturellement aberrantes dans des montagnes qui n'ont eu réellement de vierge, et encore pas complètement, que leurs petits espaces glaciaires et verticaux ?

Je crois très profondément que les difficultés rencontrées dans cet exercice toujours périlleux et aventureux de la table ronde trouvent, dans le cas qui nous occupe ici, leurs origines dans cette utilisation trop courante, quotidienne du qualificatif « montagnard ». Dans l'ambiguïté et l'ambivalence qu'il recèle : un article déjà ancien, mais toujours de grande actualité, de cette revue « savante » qu'était Passage, « Du bon usage de deux mots » de Joseph Bocquegney (Passage n°4, p. 122 et 123), soulevait la question de l'usage du terme montagnard et de son appropriation indue par les alpinistes. Citons rapidement quelques extraits : « Par un abus de langage, qui pour être fréquent n'en est que plus confondant, nous disons presque indifféremment alpiniste ou montagnard pour l'homme (au sens générique) qui fait de la montagne. Je pense qu'il faudrait, pour la simple clarté et pour plus que la clarté, s'en tenir aux définitions du dictionnaire. Est montagnard celui, celle qui habite la montagne. Est alpiniste, celui, celle qui pratique l'alpinisme. » Et non la montagne…, car c'est aussi un abus de langage de dire qu'on « fait de la montagne » quand on pratique l'alpinisme. Ne nous y trompons pas, il ne s'agit pas de réformer le langage quotidien (un peu celui des experts toutefois), mais de constater ce glissement et d'en tirer quelques réflexions. « L'usage de « montagnard » pour « alpiniste », continue Joseph Bocquegney, est d'ailleurs ambigu. Pour les uns c'est un diminutif d'alpiniste ; pour les autres c'est un augmentatif. Les premiers concèdent d'un camarade qu'il est « montagnard » pour insinuer que, s'il a le pied sûr du marcheur de montagne, il est moins à l'aise dans l'escalade difficile. Pour les seconds, être non seulement alpiniste, mais encore « montagnard », c'est un enrichissement par assimilation du milieu et un ennoblissement par supplément d'âme. »

Cette appropriation du terme montagnard par les alpinistes, varappeurs comme randonneurs, ne fonctionne pas à l'inverse. Le montagnard, celui qui habite la montagne, ne se dit pas alpiniste. Quel éleveur montant régulièrement à la montagne pour voir ses bêtes irait se prétendre alpiniste ; souvent même ils manifestent leur distance vis-à-vis de ce monde des randonneurs-alpinistes qu'ils leur arrive de croiser. Et réciproquement d'ailleurs. Si par hasard un chasseur d'isard (ou de chamois pour les Alpes) se prétend alpiniste, on imagine, quand on ne les connaît pas, les sarcasmes foudroyants qu'il s'attire.

Enfin, et plus intéressant ici, ce phénomène est du seul fait des alpinistes. Les pratiquants et responsables des autres pratiques sportives de montagne ne manifestent pas cette volonté, ou cette habitude : ils sont skieurs, surfeurs, spéléologues, vététistes ou parapentistes, kayakistes… Ces activités venues après l'alpinisme dans l'espace qui nous préoccupe ici n'ont pas su se présenter comme montagnardes et s'approprier l'espace et son devenir, laissant aux habitants une fonction de décor. Il y a là un trait culturel de l'alpinisme et des alpinistes qu'il reste encore à interroger… indéfiniment peut-être ? Ce trait particulier des alpinistes révèle que notre questionnement a été élaboré par des alpinistes.

Cette confusion dans le sens des mots est légitime au quotidien, normale. Le bon usage des mots n'est-il pas le minimum que nous pouvons attendre de qui prétend observer, décrire, analyser, expliciter, expliquer et démontrer ? Le travail tant des experts, consultants, chercheurs et autres, en somme des intervenants invités à siéger derrière la table comme porte-parole de savoirs, n'est-il pas, dans un premier temps au moins, de sortir des sens communs et de leurs ambivalences, de préciser le sens des mots pour aborder avec plus de pertinence les problèmes posés.

La présentation même du débat dans le dépliant du forum était pleine de cette équivalence ambiguë et mal assurée. « L'identité des espaces montagnards » qui ouvre la porte aux questionnements d'ordre écologique, pastoral, etc., se rétrécit d'un coup à un « positionnement touristique » qui, lui, s'oppose à « une lente banalisation des espaces et des pratiques »… Montagnardes ou sportives ? Continuons ce jeu de balançoire, entre les deux termes du texte introductif. Car on repasse dans la phrase suivante à « la culture montagnarde » comme si cette notion allait de soi… Et qui sont « les acteurs du développement local » quand on ne s'inquiète que de « l'identité sportive et géographique de ce territoire » ?

En reprenant la première phrase de présentation du débat, dans le prospectus du forum, ainsi que le titre de l'après-midi, on sait très bien que la problématique est essentiellement, si ce n'est uniquement, liée aux pratiques sportives. Une interrogation générale liant l'avenir des pratiques sportives et leurs réalités économiques, leur course à l'innovation permanente à la question des identités des espaces montagnards, perçus d'abord, voire uniquement, comme terrains de jeux, espace de loisirs. Pour prendre un peu de distance avec nos habitudes alpinistiques qui nous font globaliser la montagne par le petit bout de lorgnette, changeons un peu de terrain, et faisons un tour vers cette capitale qu'est Paris.

L'idée ne viendrait à personne de s'interroger sur le devenir de la culture parisienne en s'occupant des seuls gens de passage, touristes, amateurs d'arts et supporteurs d'équipes venant au Stade de France ? On crierait à l'incompétence de l'analyste, on dénoncerait un regard biaisé, et on demanderait comme correction de titrer sur « la culture parisienne des touristes », « le regard des touristes sur Paris », etc. N'est-ce pas ce que nous faisons trop facilement en s'interrogeant sur le devenir d'un espace, sur le sens d'une culture, à travers les seuls pratiquants d'activités de loisirs ?

En même temps on ne peut pas complètement exclure la vie montagnarde dans sa globalité : l'intervention de Bernard Prudhomme sur la réémergence, la visibilité d'une culture de la montagne des montagnards, des habitants de Chamonix après les catastrophes de ces dernières années (avalanche de Montroc, tragédie du tunnel) présente bien un élément de l'identité montagnarde, du vécu montagnard d'aujourd'hui : il ouvre alors à une réflexion sur les ruptures et les permanences des cultures montagnardes, sur le poids de l'élément géographique dans ce vécu à travers les époques. En présentant la méconnaissance des touristes-alpinistes d'occasion qui veulent à tout prix faire le Mont-Blanc comme Tartarin autrefois, avec autant d'impréparation, et les solutions proposées par les acteurs locaux, il nous guide pour réfléchir au problème de l'information et de la formation à donner à ces non-montagnards extrêmes que sont ces alpinistes d'occasion, à la culture et l'identité de cet ensemble poreux que forment les pratiquants d'une activité de loisir en pleine nature. Et pourtant, ces deux aspects peuvent être, sans que personne y trouve à redire, présentés sous une rubrique « culture de la montagne ». Et c'est quoi, une culture de la montagne ? Voire LA culture de la montagne, car les savants scientistes ont peut-être plus de mal que les historiens à cours de théories, dit-on, pour présenter des situations, des dynamiques multiples, divergentes, si ce n'est contradictoires.

Dans cette table-ronde, faute de définition plus précise, voire savante des termes, nous ne pouvions éviter cet écueil qui a rendu le débat si éclaté, au sens confus, à la dynamique terne. En outre la disparité, plus que la diversité, des intervenants n'a pas aidé. Difficile de faire tenir, dans des entretiens, qui veut revenir, comme moi, à la notion de montagnard et qui veut parler de stratégie d'entreprise de matériel de sports de montagne, pendant qu'un autre aimerait mettre en cause les grandes réalisations et les grands projets touristiques du moment par rapport à la nature « vierge » de la montagne. Tout cela participe à l'évidence des cultures de la montagne que nous vivons aujourd'hui, a bien des conséquences sur les identités de la montagne, des montagnards et des pratiquants. Nous n'avons pas su, ce jour là, trouver le lien qui noue entre elles toutes ces préoccupations : c'était le risque d'un jeu largement improvisé.

Comme toujours le constat d'un loupé n'interdit pas d'y trouver de bonnes pistes de réflexion, preuves d'une problématique riche de suites, etc. Cette navigation entre deux écueils, la multiplicité des problèmes abordés, parfois même selon certains, sous la forme de propos du Café du Commerce, confirme un point important, une évidence bonne à dire, comme souvent. Il n'y a plus aujourd'hui de groupe qui puisse être perçu comme représentant les « vrais montagnards », et la culture de la montagne n'a plus comme toile de fond une seule réalité. En simplifiant sans caricaturer, autrefois, en gros avant le milieu du XIXe siècle, malgré la diversité des situations sociales et professionnelles, malgré la diversité des variations locales, valléennes, villageoises on peut dire que la terre et ses productions constituaient le creuset des cultures montagnardes. Depuis l'irruption des alpinistes notamment, mais aussi des industries, du tourisme et des ses infrastructures, des écologistes, etc. l'identité montagnarde, la question du devenir des espaces montagnards ne peut pas rester le seul domaine de ses paysans et de leurs notables aux préoccupations semblables. D'abord la diversité des situations socioprofessionnelles des habitants s'est complexifiée, et surtout leurs intérêts ne sont plus induits par les problèmes de la terre et des pâturages.

Pour les uns, il convient d'accepter enfin, cette dépossession de l'espace qui autrefois ne leur était que peu disputé : n'est-ce pas d'ailleurs ce qu'exprime le conflit qui se noue autour de la réintroduction, le retour des prédateurs dans les montagnes ? Le coup de grâce révélant complètement aux habitants, en particulier aux derniers éleveurs résistants assez silencieux que la montagne est maintenant un espace partagé, partagé notamment avec ces « gens des villes » que sont écologistes, touristes, sportifs… Des gens des villes qui sont aussi pour certains des gens de la montagne, des montagnards vivant quotidiennement dans cet espace, voire parfois de cet espace. Sans compter qu'aujourd'hui, du fait du rétrécissement des espaces grâce aux moyens de locomotion modernes, un de Tarbes peut aussi être un du quotidien de la montagne, comme un de Grenoble ou un de Manosque (c'est déjà la montagne, Monsieur Giono ?).

La montagne est maintenant un espace partagé et à partager. Les professionnels des loisirs de montagne, guides et autres accompagnateurs, le savent bien, eux qui depuis plus de deux décennies essayent, et arrivent tant bien que mal, à s'accorder sur leurs prérogatives respectives. La diversité des interventions, les conflits qu'elles révélaient, montraient bien que cette question est loin d'être résolue.

C'est probablement plus sur le partage du territoire, sur les conflits d'usage (terme qui plaît bien à l'historien qui peut retrouver un temps long jouant sur les permanences et les ruptures) que la présentation de ce débat aurait dû nous conduire. Permettant même d'élargir le cercle des porte-parole des savoirs. Ou au contraire aurait-il fallu délimiter plus le champ de réflexion, et s'interroger sur la place de la montagne sportive et de loisirs dans le devenir de cet espace, de son identité et de celle des montagnards. Rappelons-nous cette évidence, ce n'est pas parce qu'on est montagnard qu'on est alpiniste, et il y a bientôt un siècle, Louis Le Bondidier affirmait que pour « être un vrai pyrénéiste, il valait mieux ne pas être pyrénéen ». Et pour être alpiniste…

Qu'est-ce que l'alpinisme ?

Gilles Rotillon, économiste (Université Paris X), élu du mouvement sportif et membre de l'Observatoire des pratiques de la montagne et de l'alpinisme (OPMA).

Quand pour la première fois, en 1989, au colloque « Escalade 89 » organisé à l'ENSA, j'ai proposé de caractériser l'essence de l'alpinisme par son rapport à la mort, il y eu une protestation unanime qui s'est plus ou moins reproduite à chaque fois que j'ai eu depuis l'occasion de revenir sur ce thème. Tout dernièrement, au débat organisé par le Syndicat National des Guides de Montagne sur les sports de montagne et la commercialisation, ayant déclaré, évidemment de manière provocatrice, que, compte tenu de cette caractéristique, le métier de guide s'arrêtait là où l'alpinisme commençait, j'ai suscité de vives réactions, me faisant taxer d'élitisme (un comble quand on connaît mon engagement dans le développement des activités de montagne pour tous depuis quarante ans[33]) et étant accusé de ne pas considérer les guides comme des alpinistes. Il y a sans doute dans cette incompréhension durable une part due à l'insuffisance de l'argumentation que j'ai à chaque fois tenté de développer et dont on peut trouver trace dans plusieurs écrits publics, mais il y a peut-être aussi dans ces réactions l'indice d'un symptôme de résistance à l'idée que je défends, qui, sur le mode de la dénégation, reconnaît finalement la validité de mon point de vue. Tel est du moins ce que je vais tenter de justifier dans ce texte, tout en en profitant pour expliciter du mieux possible ma position.

[33] *Juste deux faits pour illustrer cette implication : - La falaise d'Hauteroche, en Bourgogne, qui est la première falaise à avoir été équipée de la même manière quel que soit le niveau des voies, et qui marque le début des sites sportifs en France est née d'une idée que j'ai développée au sein de la commission fédérale de montagne de la FSGT en 1973. Malheureusement, la plupart des autres falaises équipées par la suite, ont surtout privilégié les voies à partir de 5c, conception élitiste de l'escalade que je n'ai pas pu contrecarrer quand je suis devenu Président du comité sportif escalade de la FFME à sa réunification avec la FFE, et qui m'a finalement valu une mise sur la touche au bout de quelques années. - Les blocs d'escalade qui sont aujourd'hui le support d'une pratique ludique dans des fêtes, compétitive sur un circuit international et commerciale dans des salles de sport privées, sont nés, à partir d'une idée personnelle concrétisée par Jean-Marc Blanche, pour la balade sportive de la FSGT à la Fête de l'Humanité en 1981.*

L'essence de l'alpinisme

Je ne propose pas ici une définition de l'alpinisme au sens du dictionnaire, et il faut entendre le verbe être dans le titre de mon texte « Qu'*est*-ce que l'alpinisme ? » au sens fort. Je ne cherche pas à trier entre des *pratiques* qui relèveraient ou non de l'alpinisme défini en extension. Je cherche, au contraire, au-delà des manifestations concrètes qu'elles peuvent prendre, ce qui différencie profondément un ensemble de pratiques par rapport à d'autres.

Pour donner un exemple dans un domaine très différent, avant que Maxwell, Hamilton et Laplace, ne conçoivent le concept d'énergie, celle-ci n'apparaissait qu'à travers des formes phénoménales apparemment sans liens comme la chaleur, l'électricité, le magnétisme ou l'énergie mécanique. C'est seulement à partir du moment où l'on a compris que ces formes n'étaient que la manifestation d'un même principe physique - qui au sens propre n'existe pas, puisque l'énergie n'existe que sous des formes particulières - que l'homme a acquis un pouvoir de transformation de la nature sans équivalent avec celui qu'il possédait dans les siècles antérieurs. Je suis donc à la recherche de « l'énergie » de l'alpinisme.

Bien sûr, les conséquences attendues seront de nature très différentes de celles permises par le concept abstrait d'énergie, mais elles n'en existent pas moins comme j'essaierai de le montrer plus loin. J'en viens donc à ma thèse. : *L'essence des pratiques liées à la montagne et recourant à l'escalade en tant que technique de progression* (donc entendue au sens large, c'est-à-dire pas nécessairement sur le rocher), *c'est leur rapport à la mort.* Avant de justifier une telle thèse, je voudrais encore enfoncer le clou pour mieux assurer sa compréhension.

Que l'on se tue en alpinisme est une évidence. Mais ce n'est pas ce que je veux dire par « rapport à la mort ». Les occasions de se tuer tout au long de sa vie sont aussi diverses que variées et vivre consiste justement à chercher à les éviter. Au contraire, les alpinistes, ont ceci de particulier que la mort de l'un des leurs ne les conduit pas à « réclamer des mesures » pour que ça ne se reproduise pas et ne les empêche pas, en général, de continuer à pratiquer. La mort n'est évidemment pas le *but* de l'activité, c'est même exactement l'opposé, mais pour que cet opposé existe, il faut que l'on *puisse* se tuer. Je reformule alors ma thèse : *l'alpinisme est un ensemble de pratiques liées à la montagne et recourant à l'escalade en tant que technique de progression où il est possible de se tuer et où les pratiquants assument collectivement cette situation non seulement en ne cherchant pas à tout faire pour éliminer les risques, mais tout au contraire en s'opposant aux tentatives de sécurisation*[34].

Qu'on compare, par exemple, à des activités telles que la course de formule 1 ou la descente en ski alpin. Là aussi le risque de mort existe, mais à chaque fois qu'il se concrétise, on critique les conditions de sécurité, on refait les règlements, on cherche les responsables. C'est aussi vrai, quoiqu'à un degré moindre, pour les courses transatlantiques.

En parlant du rapport à la mort et de sa nécessaire possibilité, je ne pense pas non plus aux « risques objectifs ». Ce n'est pas l'existence de ces risques qui caractérise le rapport à la mort de l'alpinisme. Il est évidemment essentiel d'en tenir compte, mais le but n'est pas de défier la nature en allant là où ceux-ci sont les plus importants. Le grand alpiniste n'est pas celui qui maximise les risques objectifs. N'existeraient-ils pas, que l'alpinisme comme je le définis n'aurait pas disparu. Il est maintenant temps d'en donner quelques preuves.

La preuve par la pratique

Comme j'ai tenté de l'expliquer ci-dessus, je cherche d'abord à caractériser *l'essence* de l'alpinisme et non d'en décrire les formes sous lesquelles elle se manifeste. Il n'en reste pas moins qu'il faut bien qu'elle se manifeste d'une façon ou d'une autre et c'est en observant la pratique de haut-niveau qu'on a quelque chance de l'apercevoir le plus facilement, parce que c'est souvent dans les conditions limites de fonctionnement que l'on peut le mieux saisir le principe actif d'un phénomène.

Comment donc reconnaît-on un alpiniste de haut niveau ? Quels exploits lui valent la reconnaissance de ses pairs ? Sur quels critères lui sont décernés les trophées que les hommes aiment à donner et à recevoir ?

Pour le Cristal FFME, créé en 1991, quatre critères sont mis en avant : « la difficulté technique, l'esthétique de l'itinéraire, le caractère novateur de l'entreprise et l'engagement, l'économie de moyens (en adéquation avec les règles de sécurité communément admises) ». Du côté du Piolet d'Or créé la même année et décerné par le GHM et Montagnes

[34] *Que celles-ci se manifestent par des aménagements (refuge à l'Envers du Mont-Blanc, câbles de la Brèche Zygmondi, ...), des projets de permis de pratique ou des jurisprudences sécuritaires.*

magazine on met en avant le haut niveau technique et l'engagement, complétés par la beauté du geste et le respect des montagnes, soit en gros la même chose.

Mais que signifie cet « engagement » dont se gargarisent tant les alpinistes de haut niveau et qui leur sert de boussole pour comparer les performances[35] ? Comment le « mesurer » sinon en comprenant qu'au fur et à mesure qu'il grandit, vos chances d'en sortir vivant se réduisent et que vous pouvez de moins en moins compter sur d'autres que vous-même ? Car un « engagement » où le retour serait certain mériterait bien peu ce qualificatif et serait mieux caractérisé par le temps restant avant le retour ou la durée objective de réalisation de l'ascension[36].

On voit bien là en quoi les dangers objectifs sont inessentiels. Tous les grands alpinistes ont un jour été confrontés au choix entre redescendre quand c'est encore possible ou continuer sachant que la retraite deviendra plus aléatoire. C'est de ne pas toujours être redescendus, autrement dit d'avoir été suffisamment confiants dans leurs capacités et d'en être revenus qui les fait reconnaître comme grands. Nul besoin pour cela de chutes de pierres ou de séracs, les aléas climatiques et les moyens physiques limités suffisent[37].

Supprimez l'engagement, vous supprimerez du même coup l'alpinisme qui est l'activité qui porte cet engagement à son maximum, c'est-à-dire jusqu'à risquer la mort.

En même temps, une fois dégagé ce qu'est l'essence de l'alpinisme, on peut revenir aux pratiques concrètes et bien des choses s'éclairent. Ainsi, le débat souvent acerbe entre grimpeurs « aseptisés » qui sont « engagés » dès qu'ils ont le goujon au niveau du nombril et les amateurs de terrain d'aventure qui ne se reconnaissent pas dans cette pratique. C'est évidemment normal puisque ce n'est pas la même[38] ! Plus subtilement, quand on oppose l'ascension d'une voie très protégée et d'une voie où le premier point est à 20 mètres, on compare deux pratiques dont la première n'est pas de l'alpinisme, (ce qui montre

[35] *Mais ne parlez pas de compétition !*

[36] *Jean-Christophe Lafaille note dans son livre « Prisonnier de l'Annapurna » qu'il n'y a que sur les hauts sommets himalayens que le secours est impossible de l'extérieur. Même aux pôles ou au milieu de l'océan, une intervention est envisageable, certes pas forcément dans l'instant, ni facilement, mais sur le K2 la question ne se pose même pas.*

[37] *La FFME précise « en adéquation avec les règles de sécurité communément admises », indiquant par là que celui qui choisirait les itinéraires les plus dangereux comme preuve de ses compétences ne ferait que dévoiler sa soif de reconnaissance ou son caractère suicidaire, mais en aucun cas ne mériterait l'admiration de ses pairs.*

[38] *Que cela dévalorise l'escalade sportive, c'est évidemment une autre histoire et un point de vue qui n'éclaircit pas le débat en mélangeant une interrogation sur l'essence de l'activité avec la contrainte morale que cette essence impliquerait.*

qu'on peut grimper en montagne sans faire de l'alpinisme[39]), et une autre qui propose le choix dont je parlais tout à l'heure, entre continuer vers la première protection où redescendre avant que la chute ne reste plus que la seule solution pour le faire[40].

Bien entendu, il y a des problèmes de frontière et on pourra toujours discuter à l'infini pour savoir si telle voie est plutôt de l'alpinisme ou de l'escalade en montagne. Il n'en reste pas moins que ma définition de l'essence de l'alpinisme permet de régler pas mal de problèmes de ce type.

J'en propose un exemple d'application. Pour savoir si vous faîtes de l'alpinisme, posez-vous la question : si je veux m'arrêtez tout de suite, vais-je pouvoir rapidement retrouver la vallée, le retour sera-t-il facile et combien de temps durera-t-il ? Plus vous répondez non et plus le temps s'allonge, plus vous êtes proche de l'essence de l'alpinisme.

La preuve par l'histoire[41]

L'histoire de l'alpinisme regorge, dès son origine, de drames effroyables et mythiques. Ces drames ont valu aux alpinistes l'honneur des gazettes bien davantage que leurs exploits. Là, le rapport à la mort est difficilement euphémisable sous la figure de l'engagement et les médias ne se sont jamais privés d'en souligner la permanence et l'inutilité.

Face à cette récurrence de la presse et de l'image qu'elle transmet au grand public, les alpinistes ont toujours réagi en regrettant l'accent mis uniquement sur le versant tragique de leur passion, sans jamais, ni nier son existence, ni promettre qu'ils feraient tout pour le supprimer. Ils ont au contraire toujours plaidé pour sa reconnaissance et son acceptation[42].

---

[39] *Par exemple, Soleil Glacial à la Sagnette, superbe voie de 15 longueurs où vous pouvez oublier les coinceurs et d'où vous redescendez quand vous en avez assez sans autre désagrément que de laisser un peu de matériel.*

[40] *Ce type de décision se prend d'ailleurs plus souvent en bloc qu'en falaise équipée, faisant de cette activité sur des blocs où la chute est très mauvaise une cousine plus proche de l'alpinisme que l'autre.*

[41] *Cette preuve pourrait (et devrait) être largement développée. Je m'en tiens ici à l'essentiel sans donner de références particulières, en faisant confiance au lecteur pour trouver les siennes. Je ne doute pas qu'il y arrive, ce qui pour moi constituerait une preuve supplémentaire, la « preuve par le lecteur », de ma thèse.*

[42] *La position quasi unanime qu'ils prennent aujourd'hui sur la gratuité des secours peut s'analyser comme la reconnaissance de l'utilité sociale d'une pratique dont ils savent bien qu'elle entraînera des secours.*

La preuve par le droit

Face aux multiples accidents qui font partie de l'histoire de l'alpinisme, les alpinistes ont toujours défendu la théorie dite du « risque accepté », selon laquelle, ceux qui s'engagent de leur plein gré dans une ascension reconnaissent par là même le caractère risqué de l'entreprise, rendant ainsi toute recherche ultérieure de responsabilité sans objet[43]. Le droit s'oppose à cette conception qui récuse dès le début l'opportunité d'une enquête. Celle-ci est nécessaire car l'absence de faute ne peut pas se décréter *a priori*.

La théorie du risque accepté traduit bien la conscience qu'ont les alpinistes du rapport à la mort de leur pratique. C'est justement parce qu'il y aura toujours des morts en alpinisme qu'ils souhaiteraient le voir reconnu dans le droit. Mais la seule activité où la société puisse accepter que ses membres mettent volontairement leur vie en jeu, ce n'est pas l'alpinisme, c'est la guerre. Et le vocabulaire guerrier qu'on utilise parfois pour conter nos exploits n'y changera rien.

La preuve par les guides

Les guides sont-ils des alpinistes comme on m'a vertement reproché de le nier ? Je n'ai évidemment jamais dit qu'ils n'en étaient pas, mais que, *en tant que guide*, c'est-à-dire dans l'exercice de leur métier, ils étaient précisément dans l'impossibilité de prendre la décision de continuer en se coupant la retraite, c'est-à-dire d'aller jusqu'au bout de l'essence de l'alpinisme. Une raison fondamentale de cette impossibilité, c'est qu'un guide qui pratiquerait avec des clients cet engagement maximum ne répondrait pas au cahier des charges qui sous-tend son emploi et dont la sécurité est l'élément central. Le guide doit tout faire pour ramener le client vivant. Et celui qui ne respecterait pas cet impératif au nom de l'engagement impliqué par la pratique de l'alpinisme ne trouverait pas des clients très longtemps[44].

Mais il y a plus. Pour satisfaire cette exigence de sécurité, il est absolument nécessaire que le guide soit un alpiniste, c'est-à-dire qu'il sache apprécier les limites de l'engagement où il entraînera son client, car la meilleure façon de ne pas se tuer en alpinisme, c'est de

---

[43] *Bien entendu, les alpinistes ne refusent pas l'idée d'une responsabilité par principe. La théorie du risque accepté vaut surtout dans le cadre d'une cordée homogène pratiquant en amateur.*

[44] *On peut m'opposer que certains guides ont transformé leurs clients en compagnons de cordée, renouant ainsi avec l'alpinisme sans contrainte. Mais tant qu'un rapport marchand perdure entre eux, le compagnonnage n'est qu'un autre nom pour client et l'impératif de sécurité s'impose au guide et à lui seul. Et je crains fort que si le « compagnon de cordée » ne revient pas, le guide ne perçoive bien vite les limites de cette position. Et si le client disparaît, le guide n'est plus guide et pratique l'alpinisme en amateur.*

savoir que c'est possible. Et celui qui le pratiquerait ainsi en toute inconscience ne pourrait compter que sur sa chance pour rester vivant. Le guide est précisément le dernier à pouvoir se le permettre. Je pense donc très exactement le contraire de ce qu'on m'a reproché de dire : non seulement les guides *sont* des alpinistes, mais ils *doivent* l'être.

La preuve par la parole

Cette preuve se trouve dans le discours des alpinistes eux-mêmes. Je ne prendrai ici que l'exemple de leurs réactions dénonçant après plus d'une décennie de montée en puissance, la pratique actuelle de l'escalade, soupçonnée de n'être au mieux qu'une variété de gymnastique, vidée de ce qui faisait toute la richesse de l'alpinisme.

Sans vouloir remonter trop loin on peut citer les avis, emblématiques de par les personnalités qui les expriment, de Doug Scott, pour qui « la grimpe sportive devrait se limiter aux gymnases, laissant aux falaises le risque, véritable essence de l'escalade » (Vertical 66, mars 94) ou d'Yvon Chouinard déclarant son désaccord avec ceux de plus en plus nombreux qui « pensent que le danger n'appartient pas à l'escalade »[45] (Vertical 68, mai 94).

Très récemment encore, François Marsigny, dans le n° 12 de Vertical Roc, consacre sa « chronique aigre-douce » à commenter les propos d'un compétiteur de l'Ice World Cup déclarant que « comme en haute montagne, il y a un côté aléatoire. Si c'est beaucoup plus gymnique qu'une ascension dans les Grandes Jorasses, on conserve le même côté incertain ». Ce à quoi Marsigny répond, avec le zeste d'euphémisation habituelle qu'utilisent la plupart des alpinistes pour parler de leur activité : « Si la performance athlétique est incomparablement difficile sur ces blocs minuscules où la gestuelle est poussée à l'extrême, comparée à l'ascension d'une montagne, *les enjeux et la sanction en cas d'erreur*[46] sont loin d'être équivalents. »

On pourrait multiplier les exemples qui confirment à la fois que les alpinistes qui s'expriment sont conscients du rapport à la mort existant dans leur pratique, et qu'ils vivent le développement de l'escalade comme une rupture sur ce plan et un abâtardissement de leur activité.

[45] *Refusant d'ailleurs ainsi une escalade autonome par rapport à l'alpinisme et critiquant donc l'équipement qui la rend possible.*
[46] *Je souligne.*

La preuve par l'écriture

Je parle ici d'un fait massif, vérifiable lui aussi dès les origines de l'alpinisme, c'est la soif d'écriture manifestée par les alpinistes. La littérature alpine est énorme, tous les grands alpinistes (et beaucoup d'autres) ont raconté leurs ascensions, bien avant que le marketing en fasse aujourd'hui un exercice obligé pour exister médiatiquement. On chercherait en vain dans les sports nés au dix-huitième ou dix-neuvième siècles un équivalent à cette production littéraire. Bien sûr, on trouvera dans ce corpus de nombreux exemples renforçant la preuve par la parole dont j'ai parlé plus haut, mais la preuve par l'écriture dont je parle ici est d'une autre nature. Elle consiste à observer que le rapport longuement analysé de l'écriture avec la mort entre curieusement en résonance avec le rapport à la mort constitutif de l'alpinisme. Comme si, confronté beaucoup plus souvent que quiconque à l'éventualité de sa disparition, l'alpiniste doit plus que d'autres recourir à l'écriture pour évacuer cette pression. On retrouve justement ce même phénomène avec la littérature marine, beaucoup plus ancienne et où la part de risque était de même nature.

Ce n'est pas une garantie de qualité pour la littérature qui en découle, mais les grands alpinistes ont souvent produit des œuvres intéressantes, en général au-dessus de la moyenne du genre, et pour certaines riches d'une expérience intime difficile à transmettre mais qu'ils ont su faire partager[47].

La preuve par l'éthique

Les débats sur « l'éthique » sont constitutifs de l'alpinisme. En alpinisme, « l'éthique » renvoie aux manières socialement acceptables de pratiquer et à la définition de l'excellence sportive. C'est un mot clé du discours des alpinistes, qui envahit aussi les revues spécialisées et qui doit parfois faire retourner Spinoza dans sa tombe.

En fait d'éthique, il s'agit surtout d'un débat sur les moyens utilisés pour faire une ascension. Ces moyens sont évidemment historiquement variables[48], et l'histoire de l'alpinisme est saturée de ces affrontements, à commencer par l'abandon du baromètre. Il y a toutefois une constante dans ce débat, c'est qu'il se place toujours sous la juridiction du risque. « La fin est dans les moyens » comme l'affirme le

[47] *Là encore, il faudrait développer et donner des exemples et là encore je laisse au lecteur le soin de chercher les siens.*

[48] *Certains croient retrouver la pure éthique des origines en gravissant l'Eiger avec le matériel de l'époque de la première, ils ne font que manifester leur incompréhension d'un alpinisme vivant. On aurait peut-être pu leur suggérer de le faire avec le matériel de Paccard et Balmat !*

texte de présentation du Piolet d'Or et les moyens deviennent légitimes, donc éthiques quand ils sont étiques, c'est-à-dire quand on en utilise juste assez pour ne pas rendre l'engagement suicidaire[49].

C'est au nom de l'éthique que l'utilisation de l'artificiel dans les Alpes a été longtemps décriée, au prétexte qu'elle permettait de passer partout, et qu'aujourd'hui elle retrouve une légitimité avec un matériel incroyablement sophistiqué par rapport à celui qui était employé il y a cinquante ans, mais qui permet l'ascension de faces improbables en y réintroduisant le risque dû à la difficulté de placement du matériel et à sa précarité.

C'est aussi au nom de l'éthique que l'escalade dite libre est d'abord apparue et que les voies ont été dépitonnées, pour déboucher ensuite sur l'escalade sportive qui ne pouvait progresser au niveau de la performance qu'en supprimant le risque de mort, c'est-à-dire en se séparant de l'alpinisme, engendrant à son tour une éthique bien différente. Qu'on regarde de ce point de vue la performance d'Alex Huber en solo intégral dans la Brandler-Hasse à la face Nord de la Cima Grande. Indiscutablement du grand alpinisme dans une catégorie spécifique, mais d'un niveau technique très dépassé en escalade. Pourtant, elle n'a été possible, et avec elle les « libérations » de grandes voies sur les big-walls, que parce que l'équipement fixe des sites sportifs a élevé suffisamment le niveau technique pour que de tels projets soient envisageables. On voit ainsi des itinéraires qui restent des performances alpines pour les uns devenir un stade d'escalade pour d'autres (Zodiac par exemple, gravi en 2h38 par les frères Huber).

Sans une vision claire des différences fondamentales entre des pratiques qui s'exercent sur les mêmes terrains, les débats sur l'éthique ne peuvent servir qu'à justifier des positions sociales ou de pouvoirs institutionnels en fixant des rapports de force.

La preuve par l'absurde

Ce sera ma dernière preuve, du moins pour l'instant, mais pas forcément la moins convaincante. Elle tient précisément dans la permanence du refus de reconnaître le rapport de l'alpinisme à la mort autrement (au mieux) que sous la forme euphémisée de l'engagement. Plus généralement, les alpinistes pratiquent la dénégation d'une manière beaucoup plus intensive que beaucoup. Ils ne font pas de compétition

[49] *On est bien sûr loin de Livanos qui préférait rajouter un piton plutôt que de risquer une chute, mais Livanos n'est pas un alpiniste politiquement correct.*

mais ils se décernent des trophées[50], ils ne risquent pas leur vie mais ils s'engagent, ils ne pratiquent pas une activité sportive mais un art (de vivre ou tout court), ils fuient la « société moderne » dans les hauteurs de la planète, ils cherchent par tous les moyens à apparaître comme des êtres à part (entendez au-dessus des autres en général).

Autrement dit, ils maximisent leur *rente symbolique*. Cette rente naît précisément du rapport à la mort dont on a vu qu'il caractérisait l'alpinisme. Dès l'origine de l'alpinisme, ses pratiquants ont eu une conscience aiguë de son existence. On peut citer l'exemple inaugural d'Horace Bénédicte de Saussure lors de son ascension du Mont-Blanc, qui fit retoucher la gravure le représentant assis sur la pente de neige et tiré par ses guides en se faisant portraiturer debout, libre de tout lien et nettement plus svelte[51]. Par son geste, M. de Saussure indiquait combien l'alpiniste a besoin du regard de l'autre, à condition qu'il soit lui-même à son avantage. Et dans son livre sur *Les alpinistes en France, 1870-1950*, Olivier Hoibian montre bien comment cette rente, d'abord issue d'un positionnement de l'alpinisme sous la forme d'un tourisme social et mondain, a ensuite trouvé sa source dans une « nouvelle définition de l'excellence alpinistique » s'inspirant de certains principes de l'excellence sportive en plein essor tout en s'en démarquant sur le thème bien connu de « l'alpinisme activité à part ». Ce mouvement a vu son achèvement après la seconde guerre mondiale avec le « modèle de l'alpinisme classique » par lequel ses principaux promoteurs, au premier rang desquels il faut évidemment citer Lucien Devies, avaient surtout pour objectif de « préserver leur pratique de la concurrence croissante des classes moyennes et populaires qui revendiquent une démocratisation des loisirs et du temps libre » (Hoibian, 2000, p.331). L'avènement de l'escalade comme activité autonome par rapport à l'alpinisme ouvre notre modernité et nous fournit en conclusion une dernière preuve, celle par la massification de l'activité, socialement inacceptable pour une activité qui met volontairement la vie en jeu, et que j'ai déjà longuement commentée ailleurs[52].

---

[50] *Je ne peux pas le citer in-extenso ici, mais « l'éthique du Piolet d'Or » est un monument dans le genre et est une pièce à conviction pour les deux derniers types de preuves. En d'autres lieux, on appelle ça de la langue de bois.*

[51] *Pour Olivier Hoibian (2000), cette anecdote est peu significative et ne ferait qu'illustrer ''le souci de la prestance et de l'honorabilité qui prévaut alors parmi les agents de ces catégories sociales''. Je pense au contraire qu'elle est symptomatique de l'importance que les alpinistes ont toujours accordé aux représentations qu'ils donnent d'eux-mêmes et qui peut se vérifier en particulier dans l'abondance des récits qu'ils font de leurs exploits et qui sont présents dès les origines de l'alpinisme.*

[52] *Voir « L'alpinisme et l'escalade dans l'économie des loisirs » in Sports extrêmes, sportifs de l'extrême, Margareta Baddeley éd., Georg, 2002.*

Patrick Berhault, figure emblématique de la transmodernité

Jean Corneloup, Sociologue, STAPS Clermont-Ferrand, UMR Territoires-PACTE Grenoble et Sportsnature.org

« Je suis submergé par l'émotion, j'ai le sentiment profond d'être allé jusqu'au bout de moi-même, d'avoir tout donné et, à genoux dans la neige, pendant un long moment, je pleure comme un enfant... Je sais aussi qu'ici, au sommet du Corno Stella, vient de se produire pour moi quelque chose de particulier, et j'ai l'étrange sensation d'avoir rejoint l'endroit que je voulais rejoindre »

Patrick Berhault, *Encordé mais libre*, Glénat.

Né à Thiers en 1957, Patrick Berhault passe sa jeunesse à Monaco où il s'initie aux sports de nature durant son adolescence. Très vite passionné par la montagne, il abandonne l'école en seconde pour se consacrer exclusivement à la pratique de l'alpinisme. En compagnie de Patrick Edlinger, il révolutionne l'approche de la montagne et de l'escalade grâce au développement d'un style d'action fondé sur la rapidité, la légèreté et une forme physique et mentale surprenante. S'inspirant des méthodes de Messner, il n'hésite pas à pratiquer un entraînement sportif intensif à base de footing, de tractions, d'abdominaux et d'exercices de souplesse. Cette condition physique exceptionnelle transforme le rapport corporel et gestuel avec l'espace de grimpe tel qu'il se définissait jusqu'alors. A la fin des années 70 et début des années 80, il réalise en des temps records et le plus souvent en solo les voies les plus dures des Alpes (*Super couloir du Tacul ; face nord des Droites, voie Dufour Frehel au grand pilier d'angle, voie Y et C. Rémy aux Charmoz avec désescalade du pilier Carpentier... durant l'été 1979*). C'est la naissance de l'alpinisme express qu'il combine parfois avec des enchaînements remarquables. Le style « Berhault » est né. Il remet en cause bien des usages fondés jusqu'alors sur la lenteur, la lourdeur et une technologie sécuritaire imposante. Toute une dynamique se crée autour de ce mouvement. Fin du premier acte…

En même temps qu'il s'aventure en montagne et bouscule bien des représentations, il s'investit dans l'univers du libre en falaise et fait partie de ceux qui reculent le niveau des difficultés réalisées. Adepte du 7a et du 7b au début des années 80, il effectue des voies d'envergure dans le Verdon et autres falaises n'hésitant pas à désescalader certaines voies lors d'enchaînements. A partir des années 85, il se détourne un peu de la montagne et s'oriente vers de nouveaux projets en vue d'explorer d'autres imaginaires et milieux de pratique. Il devient conseiller technique auprès d'un fabricant et conçoit un chausson d'escalade ; il se lance dans l'escalade de surplombs en falaise ; il s'investit en Danse-escalade, crée des chorégraphies et donne des spectacles ; enfin, il s'engage dans le développement de « l'escalade sociale » en participant à des stages de formation pour les jeunes de Vaulx-en-Velin. Toute cette activité sportive est relayée par un intense investissement médiatique qui se traduit par la réalisation de films, livres et conférences en fonction des opportunités. A chaque fois, ce qui le stimule, c'est le besoin de vivre de nouvelles expériences sociales et de découvrir d'autres champs d'action autour du geste en escalade et de son esthétisme. Ces engagements traduisent aussi une volonté de marquer ses distances avec l'émergence de la compétition en escalade et une pratique qui a tendance à s'uniformiser. Fin du deuxième acte…

Au début des années 90, le projet d'une vie à la campagne se dessine du côté de Thiers en Auvergne. Devenu guide de haute montagne, il partage sa vie entre la réalisation d'expéditions lointaines (Himalaya, Amérique latine), la formation de guides à l'Ecole nationale de ski et d'alpinisme à Chamonix et le développement d'une vie locale autour des sports de nature. Convaincu d'une possible revitalisation du monde rural par le loisir, il s'engage fortement dans ce projet avec sa compagne et ses deux enfants. Il achète une ferme, s'investit dans le développement local de l'escalade et met en application sa vision écologique du monde et de la société. Mais ce projet d'un enracinement dynamique en campagne dans la lignée du mouvement néo-rural s'effrite quelques années plus tard. L'appel de la montagne, son goût pour le nomadisme et son besoin d'explorer de nouveaux univers l'invitent à s'engager dans une autre voie. Fin du troisième acte…

Au milieu des années 95 s'affirme avec force son ancrage définitif dans l'univers de la montagne et sa passion pour l'alpinisme. Mettant en application ses valeurs écologiques, esthétiques et humanistes, il devient le concepteur d'un nouvel alpinisme dans les Alpes qui renoue avec l'aventure et l'engagement total dans une montagne pensée dans sa globalité. Son projet consiste à développer un alpinisme construit sur le voyage, la rencontre, l'immersion longue dans la nature profonde et le parcours de voies classiques ou modernes permettant de réaliser des enchaînements inédits en fonction de la thématique aventureuse choisie. Défendant cette idée de la grande cordée au fondement de la communauté montagnarde, il devient le promoteur d'un alpinisme humaniste et écologique qui sache relier les hommes entre eux et avec la nature. Son approche esthétique repose sur une culture du sensible et une intelligence du détour, créatrice d'une symbolique d'action exigeante. Chaque itinéraire composant un enchaînement de sommets et de voies se présente comme la création d'un réseau topographique mis en scène par des référents culturels, historiques, sportifs, géographiques et esthétiques. Mais la trajectoire envisagée ne peut être pour lui linéaire et parfaite. Elle doit laisser une place à l'imprévu et à la débrouillardise. C'est dans ce jeu prolongé avec l'incertain au sein d'une nature vivante, multiple et extrême que l'individu développe cette culture de l'adaptation au fondement de l'équilibre humain et de la vie en société. Cette pratique est une occasion de vivre des expériences écologiques fortes qui permettent la rencontre avec l'essence du beau en nature et de devenir véritablement un montagnard par cette capacité à gérer l'incertain. Patrick Berhault n'a pas achevé ce quatrième acte mais c'est sur cette scène que son œuvre est la plus grandiose. Il est mort le 28 avril 2004 lors de la réalisation de son dernier projet effectué avec Philippe Magnin, qui consistait à enchaîner 80 sommets de plus de 4000 m de l'arc alpin en 80 jours.

Sa contribution à la production d'innovations culturelles a été majeure au cours des trente dernières années. En effet, Patrick Berhault est apparu au moment où émerge une post-modernité sportive. Ce mouvement culturel s'inscrit dans la volonté de remettre en cause l'alpinisme comme pratique hégémonique, le style alpinistique, et la place des pratiques de nature dans les relations que celles-ci entretenaient jusqu'à présent avec la société. Son implication dans la culture post-moderne s'est faite en référence avec le mouvement californien. La démarche consiste à casser les codes de lecture, à transformer les règles du jeu, à convoquer d'autres référents symboliques et à prendre ses distances avec la pratique légitime de l'alpinisme telle que celle-ci imposait la bonne manière de pratiquer. Il invente alors une gestuelle inédite qui sache composer avec une autre approche de la corporéité dans sa relation avec l'espace de pratique. Que ce soit en bloc, en danse-escalade, en montagne, sur les falaises du sud de la France, au bord de la mer ou sur des structures artificielles, le jeu s'inscrit dans l'exploration d'autres dimensions de l'action grimpante. Nomade de la société, il accorde peu d'importance à la matérialité des choses, vivant de peu, vagabondant d'un lieu à l'autre, à la recherche perpétuelle d'expériences nouvelles avec soi-même, la nature et les autres.

En refusant de participer aux compétitions d'escalade respectant ainsi son adhésion au manifeste des 19, en prenant ses distances avec une pratique de la performance orientée exclusivement vers la cotation au détriment de l'exploration des extrêmes humains et personnels, en résistant pendant longtemps à l'entrée dans un cadre institutionnel (devenir guide et professeur à l'ENSA) ou encore en prenant des chemins de traverses (danse-escalade, Vaulx-en-Velin, Chabreloche…), il élabore un projet de vie ancré dans une ligne de conduite. Celle-ci révèle d'une manière silencieuse un refus de l'ordre établi, de la routine, des pratiques normalisées et de tout ce qui peut enfreindre cette soif de vie en nature et d'actions au sein desquelles le corps, le geste et son esthétisme sont présents. Si le mouvement californien l'inspire profondément dans cette recherche éperdue d'une spiritualité construite autour du corps extrême, on peut aussi penser que sa passion pour la grimpe dissimule une profonde envie de se réaliser socialement et psychologiquement. Un jeu perpétuel existait chez lui entre l'ici et l'ailleurs, l'isolement dans les profondeurs de la nature et l'immersion dans une salle de conférence, l'abstinence et la gloutonnerie sucrée, la gratuité du geste et la recherche de projets médiatiques, la famille et la vie de saltimbanque… Cette quête humaine, spirituelle et écologique n'était pas sans faille ; elle s'inscrivait dans un monde où il apparaissait de plus en plus comme une figure de référence, capable d'impulser de l'aventure médiatique et humaine dans un univers en manque de sens et de repères.

Mais au-delà des critiques que certains ne manqueront pas de faire pour révéler cette instabilité ou cette logique de l'entre-deux, il avait su exprimer un certain respect au sein de la communauté des grimpeurs par cette capacité à produire du lien, à s'engager dans une approche écologique de la pratique, à renouveler sans cesse les chemins de l'aventure et à transmettre chez de nombreuses personnes ce goût pour la beauté de la montagne, de la nature et du geste. Sa démarche, si elle ne s'inscrivait pas dans un affrontement ouvert à l'encontre de bien des comportements et des pratiques que ce soit en escalade ou en société, n'en reposait pas moins sur une vision affirmée de la bonne pratique qu'il cherchait à transmettre aux autres et à dévoiler par détour. La lecture de ses écrits permet de prendre conscience de l'existence d'une prise de position politique dans son discours et ses pratiques, dans cette volonté de critiquer une certaine société qui a oublié d'écouter le message de la nature, d'accorder de la valeur à l'isolement et à l'écoute du temps qui passe, et qui a tendance à s'enfermer dans les artifices de la vie moderne. Tout son projet est construit sur la valeur accordée au changement, à l'adaptation permanente, à l'exploration de nouvelles pistes et à la quête perpétuelle de l'acte sublime dans lequel la personne se réalise. Le risque, la confrontation au danger, l'acceptation de l'incertitude n'étant que des dimensions à apprivoiser pour construire une belle voie et réaliser un parcours esthétique en montagne et dans la vie.

Si Patrick Berhault se présente comme la figure emblématique de la trans-modernité, c'est parce qu'il a su dépasser la post-modernité en créant des ponts avec la modernité (l'alpinisme classique, sa mémoire et sa culture), circuler entre les différentes polarités géo-sportives : indoor (danse-escalade et SAE), aroundoor (falaise), outdoor (grandes voies en montagne) et wildoor (voyage au long cours en montagne), et composer avec de multiples fragments de voies alpines pour créer un réseau de sens. Le quatrième acte de son parcours est trans-moderne par cette capacité à se replonger dans le grand alpinisme lors de ces enchaînements : traversée complète en solitaire du massif du Mont-Blanc (1991), enchaînement de plusieurs grandes voies dans le massif du Mont-Blanc avec Bibollet (1997), grande traversée des alpes en cordées (2002), 80 sommets en 80 jours en 2004... Mais il l'est aussi par la volonté de redonner de la valeur au voyage dans l'espace alpin et à l'aventure dans un univers où tout a été fait, en inventant de nouveaux codes de jeu et référents symboliques, en sublimant cette culture du montagnard construite sur l'immersion dans la nature profonde, la débrouillardise et l'adaptation à une nature hostile et mystérieuse... Bref, à une époque où les Alpes ont tendance à vivre sur le passé ou sur les nouvelles pratiques de la montagne (dry tooling, cascade de glace, trail, canyoning, expéditions lointaines...), Patrick Berhault a choisi la voie du retour dans la montagne sauvage, proche de chez nous, dans le cadre de grands voyages en inscrivant de nouvelles épopées à cet espace de pratique. Sa démarche consistait bien à revisiter la modernité (l'histoire des aventures passées et vécues) en la dépassant tout en la traversant. Au cours de sa jeunesse à Monaco, il débute sa pratique de l'escalade par la montagne qu'il avait par la suite « abandonné » avant d'y revenir de la plus belle des manières les derniers temps dans cette volonté de joindre le passé (et son passé), le présent et le futur. Il ouvre pour demain la porte de la montagne à des réseaux topographiques divers et variés pour tous ceux qui souhaiteront donner de la valeur à la création d'histoires et de récits trans-modernes. Ceux-ci auront à s'inscrire dans cette culture de l'entre-deux, entre tradition et modernité au sein d'une nature sauvage et profonde mais riche en expériences de vie.

« Les caprices du ciel, et tous les désagréments qui en découlent – froid, humidité, difficultés d'orientation, enneigement des parois... – repousseront nos capacités d'adaptation plus loin que d'habitude, mais cela sera aussi un enrichissement.... Tout au long de la traversée des Alpes, nous allons rencontrer toutes sortes de terrains et de conditions, les adaptations seront multiples et variées, parfois difficiles, délicates... Mais quoi de plus passionnant ? Car c'est dans cette recherche d'adaptation à la nature dans toute sa diversité que résident le principal intérêt de l'alpinisme et la plus belle leçon qu'il nous offre ».

Patrick Berhault, *Encordé mais libre*, Glénat

« Ceux qui pensent que tout a été fait dans les Alpes me font sourire. Ils manquent de vécu, de réflexion. Il reste plein de problèmes, plein de choses à faire. Tu peux remplir ta vie d'aventures ici, sans aller chercher ailleurs ».

Patrick Berhault, in *Montagnes magazine* 2001 n° 246.

Sports de montagne et société : matériaux pour continuer à débattre

Philippe Bourdeau, Institut de Géographie Alpine, UMR Territoires-PACTE Grenoble et Sportsnature.org

La fin de l'utopie et de l'uchronie touristiques ?

L'image de pratiques touristiques et sportives positives pour les individus, les sociétés, l'économie et le territoire s'est imposée dans la deuxième moitié du XXe siècle comme composante d'une idéologie de progrès par la mobilité. Après un court épisode de débats et de polémiques à la fin des années 1970 (Cf. la critique des grands aménagements touristiques et notamment des stations de sports d'hiver), les années 1980 et 1990 semblent marquées par un consensus dominant sur les bienfaits intégrateurs et pacificateurs du tourisme. A la fin des années 1980 par exemple, la sévère crise de croissance des sports d'hiver observée en France n'a absolument pas relancé la polémique de la décennie précédente sur le thème de la « neige empoisonnée », alors qu'elle en validait pourtant largement les analyses. En parallèle, un certain nombre d'observateurs soulignent la privation de dimension politique et historique dont font l'objet les pratiques du tourisme et du sport. A tel point que la « suspension de la dimension historique » (Dalla Bernardina, 1996) apparaît comme une constante structurelle dans le tourisme et le loisir ; ce qu'explicitait fort bien Edgar Morin dans sa célèbre formule « la valeur des vacances, c'est la vacance des valeurs ». Il faut sans doute voir dans cette caractéristique rémanente une des dimensions mythiques du tourisme et des loisirs, au sens où le mythe est une parole dépolitisée, soustraite à l'histoire (Barthes, 1957). Le tourisme relèverait donc autant de l'u-chronie que de l'utopie… De fait, les notions d'Eden, de pays de cocagne, de « terre sans mal »… s'appliquent opportunément aux désirs récréatifs et re-créatifs d'un antimonde hors du temps, des tensions, des conflits et des nuisances en tout genre. Cet imaginaire de coupure entre la bulle récréative et l'environnement extérieur nourrit le succès du thème de l'insularité dans l'imaginaire touristique (Amirou, 1995). A la lumière de ce contexte, il n'est pas anodin d'observer depuis le début des années 2000 une relance et une émergence manifestes de thèmes de tensions et de conflits qui semblent traduire une « (re)montée » du politique dans le domaine du tourisme. Un phénomène qui souligne la perméabilité croissante des espaces touristiques aux problèmes urbains ordinaires, et que certains auteurs ne manquent pas d'interpréter comme un « désenchantement » des lieux touristiques (Equipe MIT, 2002).

L'alpinisme entre spécificité culturelle et banalisation ?

Le statut de l'alpinisme comme forme sportive de tourisme est admis ici sans discussion ni précaution particulières[53], ce qui permet entre autres de transposer le constat qui précède à l'univers des sports de montagne. De fait, alors que la prudente neutralité idéologique et politique de ceux-ci vis-à-vis des enjeux de société fait habituellement figure de consensus implicite[54], une certaine radicalisation peut être observée depuis le début des années 2000, d'abord à partir de questions environnementales, puis de plus en plus autour de questions sociétales. En effet, au-delà des discours classiques sur le caractère sacré de la nature et la nécessité de la préservation des paysages et des milieux, il semble possible d'observer ça et là les frémissements d'une « politisation » des positions et des débats qui, comme dans le domaine du tourisme, semblait avoir quelque peu déserté l'univers alpinistique depuis la fin des années 1970.

Un débat se (re)développe ainsi autour d'un nombre croissant de questions comme la concentration financière dans la gestion des stations de sports d'hiver, les nuisances liées aux trafics routiers, la marchandisation des pratiques et des espaces (Cf. le débat entre guides au sujet de la Vallée Blanche), la liberté d'accès aux espaces (affaire du Pic du Midi de Bigorre), l'aménagement ludo-sportif de sites périurbains (exemple de la Bastille à Grenoble), la gratuité du secours en montagne, le développement des pratiques motorisées, l'identité culturelle des collectivités montagnardes face au tourisme, la flambée

[53] *Voir à ce sujet Jean Bocognano, « alpinisme et politique », Passage n°1, 1977, p. 50.*

[54] *A ce sujet, il est utile de relire les écrits de Jean Bocognano, Pierre Chapoutot et Patrice de Bellefon sur « alpinisme et politique » dans les n°1 et 2 de Passage ; ainsi que « l'alpinisme laisse béton ! » de Gilles Rotillon et Louis Louvel.*

des prix de l'immobilier, la banalisation urbanistique et architecturale, les conditions de travail et de logement des saisonniers en station, les projets d'aménagement et d'équipement, le modèle compétitif... (voir encart ci-dessous). A l'échelle d'un site d'escalade emblématique comme Claret (De Léséleuc, 2004), l'affirmation d'une résistance radicale à la « consommation » dès le début des années 1990 semble donc pionnière. Sur le plan médiatique, l'ancrage local de la contestation autour de la réunion du G8 d'Evian en 2003 témoigne de cette évolution en s'accompagnant de manifestations qui auraient été incongrues il y a encore peu de temps, comme la promotion de la randonnée cycliste « *vers d'autres sommets que ceux du profit* » dans les communes de la vallée de l'Arve, ou encore la visite de José Bové à Chamonix en juin 2003 !

Sur le fond, un certain nombre de débats, entre autres animés en 2003-2004 par l'Observatoire des Pratiques de la Montagne et de l'Alpinisme (OPMA), pointent la compétition et la marchandisation comme les deux principaux facteurs de banalisation des pratiques sportives[55] de montagne, en les opposant à leur spécificité historique, culturelle et éducative.

Si l'on se penche tout d'abord sur la question de la « spécificité » de l'alpinisme, il est aisé d'inventorier les nombreux attributs qui fondent l'épaisseur historique et culturelle de l'alpinisme : prise de risque, engagement dans le jeu avec les éléments, libre accès aux espaces naturels, valeurs existentielles individuelles et collectives... Mais ces référents sont évidemment des constructions socioculturelles qui s'appuient à la fois sur l'imaginaire de la montagne et sur un certain élitisme social. En replaçant la revendication permanente de spécificité de l'alpinisme dans un contexte sociologique, Olivier Hoibian (2000) a bien montré que son enjeu est d'abord l'affirmation de « principes de différenciation sociale et de domination culturelle ». Autrement dit, en clamant leur différence au nom d'une « identité collective alternative » au modèle sportif dominant, les alpinistes s'appliqueraient à préserver leur univers de la banalisation et de la démocratisation du loisir et du temps libre qui marquent la deuxième moitié du XXe siècle.

Poursuivons la discussion en nous interrogeant sur les variables actives dans le processus de réduction de l'alpinisme de l'état d'« art » (selon le mot de Lucien Devies) à celui de sport ou de produit. Dans ce domaine, on relèvera le trajet singulier des sports de montagne, qui ont vu leurs pratiques et leurs espaces faire l'objet d'une standardisation

---

[55] Le terme de « sport » est employé ici par commodité pour désigner les pratiques physiques de montagne et de nature, sans préjuger d'une dominante de leur caractère sportif sur leur caractère culturel.

croissante au cours des vingt dernières années (Cf. Introduction). Les sports de « grimpe » constituent à cet égard un cas de figure exemplaire qui en vingt ans (1980-2000) couvre un continuum de la « haute montagne » aux « parcours aérien en forêt[56] » en passant par des substituts de plus en plus aménagés, délocalisés et délimités de la paroi d'ascension alpine initiale.

On notera entre autres la véritable « révolution culturelle » que constitue la banalisation d'un accès payant à certains types d'espaces récréatifs de nature ; ceci en référence à l'idéologie classiquement dominante d'une nature accessible de manière totalement libre – c'est-à-dire sans contraintes réglementaires ni (surtout) économiques. Et l'acceptation de cette évolution ne passe pas seulement par une ouverture de l'audience des sports de nature vers le grand public… mais aussi par l'évolution notable du système de valeurs auquel adhèrent les pratiquants habituels : demande de confort, de ludisme, de sécurité, consommation d'espaces récréatifs…

En poursuivant la discussion sur les variables « compétition » et « marchandisation », un constat lapidaire permet de relever deux logiques d'acteurs prépondérantes dans les évolutions observées au cours des 20 dernières années :

- en ce qui concerne la compétition, ce sont souvent des structures en quête de reconnaissance institutionnelle, de visibilité médiatique et de « poids » économique qui ont accompagné (ou instrumenté, selon le point de vue) la professionnalisation des sportifs de haut niveau, en se donnant généralement le système olympique comme horizon de référence. Mais le développement notable de l'escalade au sein du système éducatif a aussi largement contribué à banaliser la référence à la compétition ;

- en ce qui concerne la marchandisation, c'est la logique d'intégration croissante des sports de nature à l'économie du tourisme et à des stratégies de développement local qui retient l'attention. Ce sont les stations, les collectivités locales et les

[56] *C'est une définition très extensive de la notion de « sport de grimpe » qui est retenue ici afin d'intégrer (quelque peu abusivement) les parcours acrobatiques pour les besoins de la démonstration...*

professionnels de l'encadrement qui jouent ici un rôle moteur, en faisant des sports de nature un vecteur de relance économique et identitaire pour des arrières-pays en déclin, ou un facteur de diversification de l'offre touristique.

La (re)mise en question de ces logiques à travers un certain nombre de discussions, controverses ou polémiques semble expliciter un changement de nature du débat, qui passe de plus en plus du registre « sacré » de l'éthique au registre « profane » de l'idéologie et de la politique. Une « table de mixage » (ou de gouvernance) des enjeux de gestion et de développement maîtrisé des sports de montagne peut ainsi être esquissée pour visualiser les contours possibles de cet espace de débat à partir de « réglages » négociés entre des couples contradictoriels de variables-clés.

La « table de mixage » des scénarios d'avenir des sports de montagne

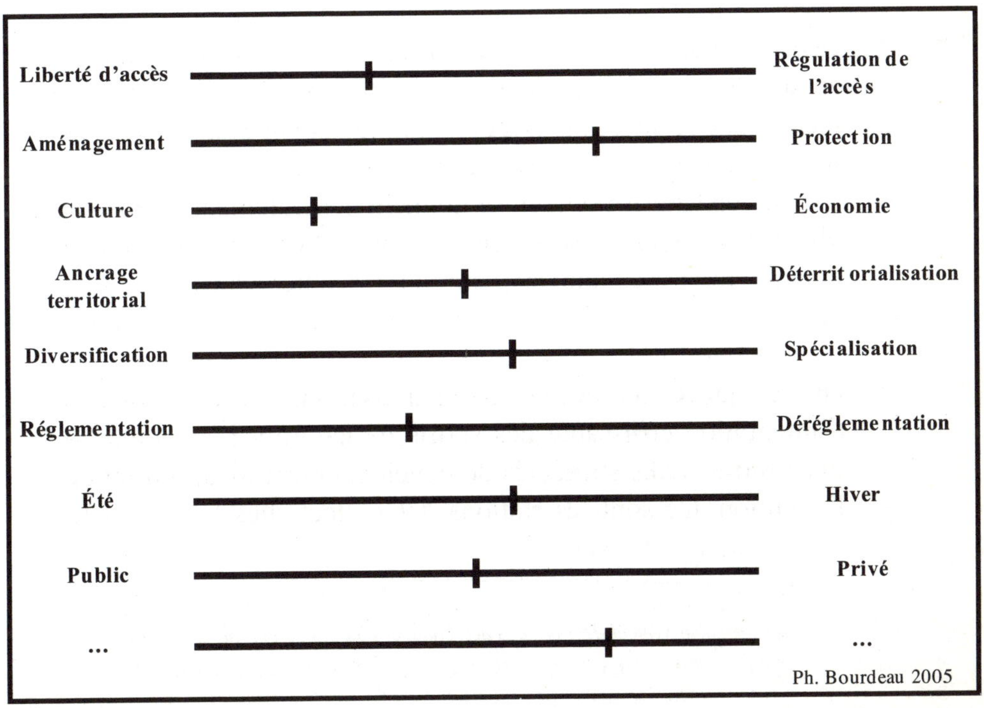

Jusqu'on ira ce retour – détour ?– en débats sur le statut et l'avenir des sports et des espaces de montagne ? Ne doit-on pas le relier au mouvement de repolitisation et de « retour du conflit » relevé par de nombreux observateurs (Beck, 2003) depuis le début des années 2000, dans des sphères sociales aussi différentes que l'art, les médias, l'économie, la recherche, comme en réaction à la « fin de l'histoire » décrétée au début des années 1990, et donc en nette contradiction avec les théories du « désengagement » social et politique souvent énoncées à propos de la post-modernité ? Ce mouvement fera t-il l'objet de radicalisations prévisibles ou inattendues ? Dans quelle mesure permettra t-il l'émergence des « scènes délibératives citoyennes » que Jean Corneloup appelle de ses vœux (Cf. supra) ? Un consensus euphémisé et esthétisé ne continuera t-il pas à prévaloir autour de quelques grands principes lénifiants du genre « la montagne est et doit rester un espace de liberté, etc. », dans une sorte de renoncement prudent à la vulgarité d'un questionnement idéologique et politique face à l'élégance intemporelle et apolitique de l'éthique ? Quels sont ici les liens et les ruptures potentiels entre enjeux culturels et idéologiques ? La question à discuter *in fine* n'est-elle pas aussi celle de l'évolution du degré d'autonomie (et donc d'hétéronomie) des cultures sportives de montagne par rapport à l'économie touristique ?

À cet égard, il apparaît que la créativité culturelle, qui est l'indispensable moteur de l'innovation par l'introduction de nouvelles pratiques, de nouveaux espaces, de nouveaux sens..., ne peut être monopolisée ni par la sphère institutionnelle, ni par la sphère marchande. En effet, l'histoire des loisirs, du tourisme du sport repose pour une part essentielle sur des détournements, retournements et contournements créatifs liés à des pratiques buissonnières, marginales, improbables... La dynamique socio-économique paraît dès lors dérivée de la culture et non l'inverse. En bref, ce sont les touristes, alpinistes, randonneurs, parapentistes, kayakistes, etc. qui ont inventé et réinventent sans cesse leurs pratiques, leurs codes et le sens qui leur est attribué, pour peu que des interstices géographiques et juridiques leur permettent de le faire. On retrouve là l'équation « temps libre = espaces libres » professée par le philosophe Ernst Bloch (Bloch, 1982). Au delà de leurs préoccupations de valorisation économique et de régulation sécuritaire ou environnementale, les opérateurs institutionnels et professionnels devraient donc avoir la prudence et la sagesse de ménager la part d'autonomie des cultures sportives de montagne, qui en fait des « pratiques » avant d'être d'éventuels « produits », car elle est fondamentalement re-créative.

Revenons pour conclure à la question de la spécificité de l'alpinisme. Une des principales caractéristiques reconnue à cette activité est bien d'être autant (voire davantage) une culture qu'un sport ; mais cette spécificité est somme toute relative dans la mesure où – compétition mise à part – l'on pourrait dire la même chose de pratiques aussi différentes et éloignées que le judo, le rugby ou les joutes nautiques...

Peut-on en déduire pour autant que la problématique de la spécificité – dont on a déjà vu les tenants élitistes – est plus ou moins une impasse ? Ne faut-il pas alors lui préférer la problématique de l'identité culturelle, tout aussi minée d'errements et de sous-entendus en tous genres, mais malgré tout plus ouverte, plus dialectique dans la mesure où il est admis que toute identité se définit d'abord dans un rapport à l'altérité ?

À la croisée des notions de patrimoine, d'identité, de culture, de territoire, pourrait ainsi s'opérer une remise en perspective de ce qui a fait et continue à faire l'alpinisme : d'abord sur le terrain bien sûr, mais aussi dans la littérature, les médias, l'imaginaire... et ce à travers les pratiques, les discours et leur langage, les valeurs, la production et l'usage des espaces, etc. Ces questions sont à la fois ambitieuses et pas vraiment originales dans la mesure où elles se posent de manière récurrente depuis une trentaine d'années. Ce qui est par contre assez nouveau, c'est qu'un fort potentiel pluridisciplinaire de recherche existe désormais dans ce domaine –notamment au sein du réseau Sportsnature.org– et pourrait être mobilisé plus activement dans la construction et la diffusion d'une connaissance à partager entre les publics, les pratiquants et les acteurs concernés par les sports de montagne et de nature. C'est en direction de ce type de projet que les institutions et les acteurs du monde de la montagne gagneraient à s'impliquer, pour ne pas laisser à la publicité et aux musées (musées par ailleurs bienvenus) le monopole du discours sur les valeurs et la culture de l'alpinisme.

Références bibliographiques

- Amirou R. (1995), *Imaginaire touristique et sociabilités du voyage*, Presses Universitaires de France.
- Barthes, R. (1957), *Mythologies*, Le Seuil.
- Beck U. (2003), *La société du risque, sur la voie d'une autre modernité*. Flammarion.
- Bloch E. (1982), *Le principe espérance ; les épures d'un monde meilleur*, 1ère éd. 1959, Gallimard.
- Dalla Bernardina S. (1996), *L'utopie de la nature. Chasseurs, écologistes et touristes*, Imago.
- De Léséleuc É. (2000), *« Voler » et Donner... Ethnosociologie d'un lieu anthropologique : le site d'escalade de Claret, Thèse*, Université de Montpellier.
- Hoibian O. (2000), *Les alpinistes en France (1870-1950), une histoire culturelle*, L'Harmattan.
- MIT Equipe (2002), *Tourismes 1, lieux communs,* Belin.

Le trajet géoculturel et économique des sports de « grimpe » de 1980 à 2005

Période	Vers 1980	Vers 1985	Vers 1990	Vers 1995	Vers 2005
Espace-type de Pratique	haute montagne	« terrain d'aventure »	site « sportif »	via ferrata	parcours acrobatiques en forêt
Accès	ouvert/ gratuit	ouvert/ gratuit	ouvert/ gratuit	ouvert/ gratuit ou payant	fermé/ payant
Degré d'équipement du support	très faible - →	Faible	fort	très fort	total +
Normalisation de l'équipement	quasi-absence d'équipement	choix de l'ouvreur	recommandations fédérales	cahier des charges et normes d'équipement	marques déposées et labels
Spécialisation de l'espace de pratique	faible - →	Forte	très forte	très forte	très forte +
Technicité sportive requise	très forte + →	très forte	forte à faible	Faible	très faible -
Taux d'encadrement professionnel (guides, B.E.)	faible - →	très faible	très faible	Fort	très fort +
Acteurs à l'initiative de la création de l'équipement	pratiquants	« ouvreurs » et équipeurs individuels	associations, fédérations	Collectivités territoriales, stations	stations, opérateurs privés

Ph. Bourdeau et P. Mao, 2004

Quelques indicateurs de la montée des tensions et conflits dans le champ des sports de montagne

Une montée des questions axiologiques et éthiques. De nombreux pratiquants et acteurs qui revendiquent une légitimité historique et /ou sportive s'insurgent de manière croissante contre la marchandisation des espaces et des pratiques. Dans le même mouvement, sont aussi dénoncées l'altération et la récupération des valeurs éducatives, existentielles, voire spirituelles des sports de montagne qui se font jour, que ce soit dans la publicité ou dans ces « ailleurs » relatifs, modérés, édulcorés, « économiquement et sécuritairement corrects » que sont les équipements et espaces de l'*aroundoor (Parcours acrobatiques, Via ferrata, snow-parks, stades de free-ride...)*, voire aussi de plus en plus ceux de l'*outdoor*.

La multiplication des conflits environnementaux. Au-delà de l'épineuse question de l'impact environnemental des sports de nature (au sujet de laquelle l'aphorisme d'Oscar Wilde « chacun tue ce qu'il aime » reste plus que jamais pertinent), l'opposition entre pratiques motorisées et pratiques écologisées est une figure de conflit sans cesse relancée dans le champ des sports de montagne et de nature : mobilisation de plus en plus fréquente et organisée contre la circulation incontrôlée des motoneiges et des quads, les rassemblements de 4X4 ou de moto-vertes... La mise en cause des mobilités touristiques et de loisirs est quand à elle plus récente, et aussi plus discrète, voire encore largement taboue en France. En effet, l'idée d'une réduction de la mobilité en générale, et de la mobilité récréative en particulier est encore minoritaire et heurte profondément les conceptions libérales et libertines très positives qui connotent les déplacements touristiques d'une idéologie et d'un imaginaire de progrès économique et social, d'échanges interculturels, etc. Mais elle semble promise à un bel avenir à l'échelle de l'Arc alpin...

Une montée des tensions sur les lieux traditionnels des sports de montagne. C'est entre-autres le cas dans les refuges de montagne et les voies d'alpinisme, où le confinement, l'espace restreint, la fatigue... exacerbent la tension des situations vécues et rendent l'évitement moins possible, d'autant que la population concernée n'est plus aussi homogène que par le passé sur le plan de la culture sportive... On peut aussi se demander si la spécialisation et la qualification croissantes des sentiers en référence à une pratique donnée (sentiers de découverte, sentiers à thèmes, circuits de vélo tout terrain…) avec un marquage matériel ou symbolique par le biais d'une signalétique, d'un balisage ou d'événements sportifs ou culturels, n'accentue pas les tensions entre des usagers qui se sentent d'autant plus légitimes qu'ils adoptent un comportement légitimé et mis en scène par une médiatisation. Il faut aussi rappeler que l'instauration même d'un tel marquage ne va pas de soi : durant l'été 2000, par exemple, la « création contemporaine » Traversées, réalisée dans le vallon des Etançons du Parc National des Ecrins sous forme d'exposition de textes et de photographies le long d'un sentier conduisant à des refuges a ainsi fait l'objet de réactions très virulentes de la part d'alpinistes et randonneurs confrontés à l'artificialisation d'un espace vécu, représenté et revendiqué sur le mode d'un anti-monde urbain.

La montée des conflits sociaux (saisonniers, porteurs…) marquée par l'intervention croissante d'associations et de syndicats. Depuis 2004, les porteurs népalais sont ainsi regroupés au sein de « porters'progress » (www.portersprogress.org), association dont l'objectif est de défendre leurs intérêts face à différents opérateurs du tourisme de trekking et d'expéditions tout en travaillant à un « nouveau modèle » de développement pour le Népal. Dans les stations des Alpes françaises, le premier mouvement de grève lancé par une organisation syndicale dans le secteur des remontées mécaniques date de février 2004, et la question des conditions de logement et de travail des saisonniers en station, récurrente depuis quarante ans, connaît une relance très « sociale » et politique après un traitement qui est resté longtemps essentiellement culturel (Cf. le festival des saisonniers de Briançon dans les années 1980).

A ces points de friction assez clairement identifiés, il faudrait ajouter des phénomènes émergents comme la **demande croissante de démocratie participative dans le développement et la gestion des sites touristiques, des espaces récréatifs et des espaces protégés**, qui est portée par de multiples parties prenantes de plus en plus organisés en groupes de pressions locaux et (inter)nationaux : habitants, résidents secondaires, «amis» des parcs et réserves, clubs sportifs, associations de protection de la nature… ; mais aussi **la montée des tensions entre sociétés locales et visiteurs ou opérateurs touristiques**, que ce soit face à la flambée des prix du foncier et de l'immobilier, face aux questions souvent épineuses de gestion des ressources en eau, ou face à des enjeux identitaires en cas de forte pression culturelle sur les communautés locales ; sans oublier **la question sans cesse renouvelée de la gestion de la sécurité sur les sites touristiques et sportifs** (interdictions, réglementations d'accès, polémique sur la gratuité des secours en montagne, délinquance et incivilités…).

Des livres à lire ou à relire...

- Aubel O. (2005), *L'escalade libre en France, sociologie d'une prophétie sportive*, L'Harmattan, Paris
- Bartczak F. et Rage J. (dir.) (2003), *Les Pyrénées entre deux mondes*, Presses universitaires de Perpignan, Perpignan.
- Belden D. (1994), *L'alpinisme : un jeu ?* L'Harmattan-Aroura, Paris.
- Bocognano J. (1977), *Alpinisme et politique, in Passage n°1, Cahiers de l'alpinisme*, Ed. Fernand Lanore, Paris, pp. 35-57.
- Bourdeau Ph. (1991), *Guides de haute montagne : territoire et identité*, Revue de Géographie Alpine, collection Ascendances, Grenoble.
- Bourguet M., Moreux C., Piolle X. (1992), *Pratique de la montagne et société urbaine*, Dossiers de la Revue de Géographie Alpine n° 7, Grenoble.
- Bozonnet J.-P. (1992), *Des monts et des mythes, L'imaginaire social de la montagne*, Presses Universitaires de Grenoble, Grenoble.
- Chapoutot P. (2000), *La montagne, c'est pointu*, Edition ?
- Corneloup J. (2002), *Les théories sociologiques de la pratique sportive*, Presses Universitaires de France, Paris.
- Debarbieux B. (1995), *Tourisme et montagne*, Économica, Paris.
- De Bellefon R. (2003), *Histoire des guides de montagne, Alpes-Pyrénées*, Cairn-Milan, Toulouse.
- De Léséleuc E. (2004), *Les « voleurs » de falaises. Un territoire d'escalade entre espace public et espace privé*, Maison de sciences de l'Homme d'Aquitaine, Bordeaux.
- Diénot J., Theiller D. (1999), *Les nouveaux loisirs sportifs en montagne*. Maison des sciences de l'Homme d'Aquitaine, Bordeaux.
- Francou B. (1984), *L'alpinisme et son territoire, in Passage 4*, Diffusion Chiron, Paris, pp. 23-39.
- Hoibian et Jacques Defrance (éd.) (2002), *Deux siècles d'alpinismes européens*, L'Harmattan, Paris.
- Hoibian O. (2000), *Les alpinistes en France (1870-1950), une histoire culturelle*, L'Harmattan, Paris.

- Hoibian, O., (2004), *Lucien Devies, la montagne pour vocation*, L'Harmattan , coll. Sports en société, Paris.
- Jouty S. (1987), *L'alpinisme classique, une métaphore en action, in Imaginaires de la haute montagne*, Centre Alpin et Rhodanien d'Ethnologie, Glénat, Grenoble, pp. 161-171.
- Keller P. (2005), *La Montagne oubliée*, éd. Guérin, Chamonix.
- Lefèvre B. (2000), *Contribution à l'accidentologie des pratiques de haute montagne et de randonnée en moyenne montagne.* Département de la Haute-Savoie. *Dossiers du Conseil Supérieur des Sports de Montagne* n°14.
- Le Breton D. (1991), *Passions du risque*. Métaillé, Paris.
- Majastre J.-O., Decamp E., Leborgne M. (1988), *Guides de haute montagne*, Glénat, Grenoble.
- Mestre M. (1996), *Histoire de l'Alpinisme*, Edisud, Aix-en-Provence.
- Mizrahi R. (1979), *La vision de la nature chez les alpinistes et les randonneurs. Genèse des représentations urbaines de l'espace alpin.* Rapport au CORDES.
- Pociello C. (1995), *Les cultures sportives*, Presses Universitaires de France, Paris.
- Raspaud M. (2003), *L'Aventure himalayenne. Les enjeux des expéditions sur les plus hautes montagnes du monde 1880-2000*, Presses Universitaires de Grenoble.
- Revue STAPS (2000), *Alpinisme et escalade*, n° 51, Grenoble.
- Revue de Géographie Alpine / Journal of alpine research (2005), *Sports de montagne et territoire dans les Alpes, tome. 92*, n°4, Grenoble
- Rotillon G., Louvel L. (1985), *« L'alpinisme, laisse béton !»*, éd. Du Scarabée, Paris.
- Roux F., Sontag K. (2002), *Guide juridique du canyonisme et des sports de nature*, edisud/Fédération Française de spéléologie, Aix-en-provence.
- Soulé B. (2004), *Sports d'hiver et sécurité : de l'analyse des risques aux enjeux de leur gestion* éd. L'Harmattan, Paris.
- Urbain J.-D. (1993), *L'idiot du voyage. Histoires de touristes*, Payot, Paris.
- Vallot G. (1999) (dir.), *Espaces-modes d'emploi, communiquer l'espace dans les sports de montagne*, Dossiers de la Revue de Géographie Alpine n° 20, Grenoble.

L'affirmation d'un champ de recherche : chronologie des thèses soutenues sur les sports de montagne et de nature

1974. Dominique Lejeune : Les alpinistes en France à la fin du XIXème siècle et au début du XXème siècle (vers 1875-vers 1919) ; étude d'histoire sociale, étude de mentalité (Histoire)

1984. Gisèle Lacroix : Les activités de pleine nature et le thème de la glisse ; enjeux institutionnels, économiques et culturels : l'exemple de la planche à voile (Sociologie)

1991. Philippe Bourdeau : Territoire et identité ; recherches sur la territorialité d'un groupe professionnel, les guides de haute montagne (Géographie)

1991. Christiane Tetet : Contribution au traitement lexicographique des vocabulaire spécialisés. Le concept de diffusion dans le traitement lexicographique du vocabulaire de l'alpinisme (Linguistinque)

1993. Jean Corneloup : Escalades et société. Contribution à l'analyse du système, du communicationnel et du social (Staps)

1994. Marc Chevalier : Les sports d'hiver, espaces et cultures ; généalogie culturelle des représentations et usages touristiques hivernaux en montagne (Géographie)

1996. Michel Tailland : Les alpinistes victoriens (Histoire)

1996. Véronique Reynier : Les pratiquants des stations de sports d'hiver : représentations sociales et comportements territoriaux (Staps)

1997. Olivier Hoibian : Au delà de la verticale… L'alpinisme : sport des élites ou sport pour tous ? Les enjeux de la définition légitime d'une pratique. Contribution à la sociogenèse du champ des activités physique et des sports (Staps)

1997. Renaud de Bellefon : Du terroir au territoire. Histoire des guides de montagne en France (Histoire)

1998. Michel Mestre : La montagne et l'alpinisme vecteurs de l'idéologie nationaliste dans les Etats alpins, 1850-1950 (Histoire)

1999. Marianne Barthelemy : Le Marathon des Sables. Étude ethnologique et sociologique d'une épreuve multiple (Ethnologie)

1999. Malek Bouhaouala : Micro-mentalités et logiques d'action des dirigeants des petites entreprise du tourisme sportif ; contribution à une sociologie économique du sport. (Staps)

1999. Bénédicte Vignal : La sensibilité écologique et les usages sociaux de la nature dans les pratiques de plein air : le cas de la baignade en eau douce (Staps)

2000. Cécile Vachée : Représentations de la nature et comportements d'offre en escalade ; étude à partir de 3 catégories d'acteurs (Staps)

2000. Éric De Léséleuc : « Voler » et Donner… Ethnosociologie d'un « lieu anthropologique » : le site d'escalade de Claret (Ethnologie)

2001. Bastien Soulé : La sécurité des pratiquants de sports d'hiver. Analyse, gestion et acceptabilité sociale des risques sur les domaines skiables des stations de ski alpin (Staps)

2001. Frédérique Roux : Les activités de pleine nature a l'épreuve du droit : l'exemple du canyoning (Droit)

2002. Brice Lefèvre : Par monts et par vaux ; contribution à l'analyse sociologique de l'alpinisme à travers la théorie de l'espace des sports. L'exemple du massif du Mont-Blanc (Staps)

2002. Olivier Aubel. La paroi en coulisse. Les enjeux de la sportivisation de l'escalade libre (Staps)

2003. Régis Keerle : Sports et territoires ; contribution à une géographie du pouvoir ; une géographie sociale du champ sportif (Géographie)

2003. Clémence Perrin : La pratique et la gestion du canyoning dans les parcs naturels régionaux du Vercors et des Bauges (Staps)

2003. Pascal Mao : Les lieux de pratique sportive de nature dans les espaces ruraux et montagnards ; contribution à l'analyse de l'espace géographique des sports (Géographie)

2003. Viviane Seigneur : La sécurité en haute montagne : penser la sécurité, jugement de fait, jugement de valeur... et autres jugements : approche anthropologique et sociologique (sociologie et anthropologie)

2004. Cécile Ottogalli. Les femmes alpinistes (1874-1959) : un genre de compromis (Staps)

2004. Eric Boutroy. L'ailleurs et l'altitude. Ethnologie de l'himalayisme contemporain (Ethnologie)

2004. Sébastien Franchini. L'impact environnemental des sports de nature (Biologie)

2004. Christopher Hautbois. Légitimité, opportunité et efficacité de l'action publique de développement des pratiques de loisirs et ce tourisme sportif : le cas des activités équestres en Basse-Normandie (Staps)

2004. Alexandre Mignotte. Acteurs et logiques d'interventions dans la gestion des réseaux de sentiers en espaces protégés de montagne. Etudes de cas dans les gorges de l'Ardèche et les Alpes du Nord (Géographie)

Réseau de chercheurs et experts en sports de montagne et de nature

www.sportsnature.org

Créé en 1999, le réseau Sportsnature.org fédère des chercheurs et experts issus d'un large éventail de disciplines, avec le soutien de partenaires institutionnels, professionnels, territoriaux et industriels. Alors que les recherches sur les sports de montagne et de nature sont en plein essor, les objectifs du réseau sont au nombre de 3 :

1/ rassembler les chercheurs et les experts qui travaillent sur des thématiques liées aux sports de montagne et de nature : pratiques et cultures sportives, gestion des espaces de pratique, aspects juridiques, métiers et emplois sportifs, impacts économiques ou environnementaux, aménagement, développement territorial, management, physiologie de l'effort, médecine, risques… ;

2/ créer un espace d'échanges scientifiques favorisant l'interdisciplinarité sur des questions valorisant les approches transversales (colloques, publications collectives, programmes de recherche, contrats d'étude), notamment en facilitant l'intégration des doctorants à une dynamique collective ;

3/ diffuser et valoriser des résultats de recherche, des savoirs et des compétences auprès des acteurs sportifs, institutionnels, professionnels, industriels et territoriaux concernés par les sports de montagne et de nature, à l'échelle internationale comme à l'échelle nationale.

Des membres associés : sportsnature.org est associé avec des opérateurs institutionnels, professionnels, territoriaux et industriels dans le cadre d'opérations de partenariat (manifestations, expertise et appui scientifiques ; échanges d'information, publications) : l'École nationale de ski et d'alpinisme, le Syndicat national des guides de montagne, la Commune de L'Argentière-La-Bessée, la Grande Traversée des Alpes, VAL vacances nature.

Des moyens de communication et de valorisation de la recherche

- édition du site web www.sportsnature.org, avec des rubriques, agenda scientifique, bibliographies thématiques, nouvelles publications, espaces thématiques, Cv et publications des membres, articles en ligne, etc.
- co-édition de la liste de diffusion électronique « sportnature » avec le Ministère des sports, le Comité national olympique et sportif français et le Centre de ressources du tourisme en espace rural de Millau.

Des colloques et des publications

- Tourisme sportif et territoires, le Pradel, 2000 (actes publiés dans le n°11 de la revue Montagnes méditerranéennes)
- Les métiers du sport et du tourisme en milieu rural et montagnard », le Pradel, 2001 (actes publiés dans le n°13 de la revue Montagnes méditerranéennes)
- L'observation des sports de nature, Valence 2001, en partenariat avec le Conseil général et la DDJS de la Drôme (n°10-11-12 de la Revue européenne de Management du sport, PUS, Voiron, 2003-2004)
- Forum recherche-Action « la montagne, terrain de jeu et d'enjeu », Chamonix, 2002, organisé avec la Ville de Chamonix et l'ENSA dans le cadre de l'Année Internationale de la Montagne
- Séminaire « épistémologie des sports de montagne et de nature », Millau, 2005

Contact : www.sportsnature.org

Imprimé en France
Dépôt Légal
Mai 2006
ISBN 10 : 2-915493-36-7
ISBN 13: 978-2-915493-36-8

Éditions du Fournel
2 avenue de Vallouise
05120 L'Argentière La Bessée
Tél. 04 92 23 15 75
www.editions-fournel.fr